STORIES OF A GOVERNMENT
LAWYER IN CHINA

行政法治在路上

—— 政府公职律师手记

林庆坚 / 著

人民出版社

前　言

　　行政法治是依法治国的重要组成部分，是依法治税的重要内容，与公民的切身利益息息相关。

　　与刑事法治、民事法治相比，行政法治建设主要由行政法规规章和规范性文件构建，数量庞大、内容繁杂，加上行政工作的不够透明，似有一层神秘的面纱。国内涉及刑事法律、民事法律故事的著作已经很多，但涉及政府行政法律故事的书籍却很少。

　　作为中国首位税务部门的政府公职律师，我想用自己的笔，从政府法制工作人员的独特视角，记下我在行政法治路上的一段亲身经历，期望让更多的读者了解政府法制工作的昨天和今天。不是抽象的、理论的、一般概念上的了解，而是具体的、有血有肉的、看得见摸得着的了解。

　　中共十八届四中全会《关于全面推进依法治国若干重大问题的决定》提出，各级党政机关和人民团体普遍设立公职律师。政府公职律师正在从鲜为人知的幕后工作人员，逐步走向广为发展的行政法治大舞台。

　　作为政府公职律师制度的先行者，期望本书对公职律师制度建设，对公职律师依法履职，对税务系统税收法治建设和依法行政，发挥积极作用；也希望本书能对公职律师同事同行提供参考作用，起到抛砖引玉的效果。

第 一 章

公职律师与我

政府公职律师的出现不但不是政府权力加强的体现，反而是权力有限政府的产物，是政府讲法律，适应法治社会的产物。

公职律师的工作，直接为政府服务，间接为守法公民服务，最终是为法律说话。

公职律师是法治进步的产物

公职律师，在多数国人心目中，仍是形象模糊。

公职律师制度并非新生事物，在西方国家早已有之。公职律师在美国、新加坡被称为政府律师，联邦司法部长是美国最大的公职律师；意大利称之为国家律师，英国称之为政府法律顾问；还有的国家没有专职检察官行使公诉职能，部分律师承担公诉，称之为公诉律师。不同国家公职律师称谓的不同，是由于各国司法制度的不同和律师的作用地位不同造成的。广义的公职律师主要由政府律师、公诉律师，甚至军队律师组成。

狭义的公职律师主要指政府公职律师。政府公职律师是取得律师资格，在政府部门工作的人员，兼具律师与政府工作人员的双重身份。

在中国，公职律师通常仅指政府公职律师。

中国古代没有公职律师

律师是帮助一方当事人的。从字面上理解，公职律师是国家和政府的律师，是帮助国家和政府的。强势的国家和政府，需要公职律师帮助吗？

中国古代有很多法律制度，但不存在现代意义的行政诉讼制度。"三纲五常"伦理强调，君主是天下百姓的父母，官吏是君主在地方的代表，是一方百姓的父母，所以称之为父母官。民告官等同于子告父母，是大逆不道的不孝行为。历代统治者都提倡以孝治天下，无论父母有多么不是，都不能忤逆其意。

　　大清律规定：民告官如子告父，要先笞五十。即便是胜了，也要判徙两千里。假如败了呢？轻则遭仗刑；重则性命都要丢掉。这些还要一个前提，那就是能找到会写敢写诉状的人，还要有足够的盘缠到达京城。可见，在封建社会，一个无所依靠的老百姓蒙冤，想要去告官是多么的艰难。

　　统治者限制民告官，除了封建伦理，更深层次的原因是培养顺民，从而利于自己的统治。所以自古就有刑不上大夫之说，官在上，民在下，而且"官官相护"，双方实力悬殊，"民不与官斗"的观点就根深蒂固地扎在民间。

　　在中国古代这样一个政府权力无限的社会，司法服从于帝王，政府拥有决定一切的权力。传统的观念是"官员个人可以有错，政府永远不会有错"。强势的政府当然不需要律师为自己辩护，所以中国古代是没有政府公职律师的。

　　清朝末年，清政府的司法权进不了上海租界。由于政治因素，清政府想严惩发生在上海租界里的《苏报》案，可租界当局不允许清政府来租界抓捕革命党人章炳麟、邹容。不得已，清政府只得采取"合法"斗争，向租界的会审公廨递上一张状纸，控告章炳麟、邹容等人，其罪名是："诬蔑朝廷，谋为不轨，大逆不道。"于是一幕具有历史意义的场面出现了，堂堂大清王朝，在租界的法庭上控告自己的臣民，这算得上是中国历史上第一次官民平等地对簿公堂。

　　如果在清政府自己的衙门里，这样的审判恐怕至多是个过场。不出意外的话，章、邹等人便会毫无悬念地被绑赴菜市口被凌迟或斩首。但在租界的法庭，不由清政府说了算。因为案件需要在"阳光"下公开审理，面对着旁听席上诸多的中外市民，章、邹在法庭上的慷慨陈词，让朝廷顿失威仪。可事到如今，官人们也只好硬着头皮前来出庭。

更为有趣的是，当时的朝廷法律人才匮乏，偌大的帝国不得不聘用两位英国律师库柏和达鲁芒德作为代理人。为章、邹二人辩护的也是两名外国律师博易和琼斯。审理过程中，原告律师和被告律师多次交锋，在法庭上展开了激烈的辩论，原告律师代表清政府步步紧逼，被告律师据理力争，审理过程也是一波三折。以往尽管租界公堂上早有外籍律师的出现，但政府和庶民双方都聘请律师辩护，在中国是开天辟地第一回。

政府公职律师的出现不但不是政府权力加强的体现，反而是权力有限政府的产物，是政府讲法律，适应法治社会的产物。

行政诉讼引发公职律师的试点

改革开放初期，开始探索法制建设，律师制度逐渐恢复，但民告官还是不可想象。

在我的家乡，浙江省苍南县肥艚镇，有一道建于宋代的拦海防浪古堤。由于泥沙淤积导致海岸线的外移，"文革"之初天下大乱，堤坝变得无人管理。当地缺房住的农民看到堤坝宽阔平坦，便开始有人在坝上建房。

在坝上盖房可省去地基的费用，只要有一人带头建，就会有人效仿。因而，先后陆续有近 200 户人家在坝上建房，防海堤成了一条繁华的街道，这里的住户也都被编上了街道编号。多年来并没有部门干涉过此事，人们在此安居乐业，相安无事。

包郑照家也是在坝上盖房的众多人家之一。1985 年，包郑照经镇城建办批准，盖起了 3 间 3 层楼房，占地面积 126 平方米，并办理了房屋产权登记手续。

两年后，苍南县政府对坝上部分影响到大坝防洪的违章建筑进行清除。当动员到包郑照家拆房时，双方发生了争执。包郑照认为在坝上建房非他一家，而且他建房是经过镇政府审批的。而县政府则认为包郑照家的房子是违章建筑。

思想工作做不通，碰上了"钉子户"。当年 7 月，苍南县政府调动 70 余武警及县、区、镇干部 300 多人对包郑照家附近进行了封锁，采用爆破手段对包郑照的房屋实施了强行拆除。

包郑照打破"民不与官斗"的传统，决定讨个说法。他向法院起诉县长黄德余，要求确认他的房屋合法性，赔偿经济损失并追究主要责任人的法律责任。

然而他的起诉困难重重，首要难题是不知道哪个法院能够受理。在那个年代，中国没有行政诉讼法，"民告官"尚无法可依。几经奔走，浙江省高级人民法院指定温州市中级人民法院受理了该案。1988 年夏天，作为 1949 年后"中国民告官第一人"，61 岁的农民包郑照终于能够站到了原告席上，也站在了新中国行政诉讼的起始点上。①

当时报刊评论："此案的首要意义，在于农民和县长以平等的法律地位对簿公堂，把官民关系，或者说公仆与主人的关系，纳入了法律调整的轨道……"

后不久，1989 年 4 月 4 日，第七届全国人民代表大会第二次会议通过了行政诉讼法，并确定于 1990 年 10 月 1 日起施行。至此，"民告官"有了正式的法律依据，也开启了法治的新时代。

---

① 该案全国轰动，1988 年 8 月 25 日，新华社、人民日报社、中央人民广播电台、法制日报社等 26 家新闻单位的近 50 名记者曾齐聚当时的"苍南电影院"，报道此事。

26 年前，行政诉讼的收费标准是 50 元，诉讼费用由败诉方承担。1990 年的 50 元，相当于当时工薪阶层月收入的五分之一，这一收费标准不让行政相对人的救济成本太高，又让滥用诉权的原告承担一定成本。然而，26 年后，诉讼费标准仍然是 50 元，只相当于现在工薪阶层月收入的百分之一，行政相对人行使诉权的经济成本几乎可以忽略不计，这导致有些原告不达目的，诉讼不止，行政诉讼案件数量大幅上升。

"民告官"初期，政府没有自己的公职律师队伍，代表政府出庭辩护的都是临时聘请的社会律师。案结事了，政府与律师的委托代理关系也就结束了。

随着"民告官"案件的增多，出现了政府公职律师的试点。1996 年 3 月，经上海市司法局批准，浦东新区司法局向首批 28 名政府律师正式授证，派驻浦东新区有关行政机关。2002 年，公职律师的试点工作得到了国家的肯定，司法部首次发布《关于开展公职律师试点工作的意见》。接着，北京、深圳、杭州等地陆续开展公职律师试点工作，先后建立了政府公职律师制度。

公职律师即将迎来大发展

中国政府公职律师试点已经十来年，但推广不快，存在多方面因素。

主要原因是大多数政府机关法律事务压力不大，虽然全国行政案件总量大幅上升，但具体到政府机关，有些地方和部门可能一年也难得遇到几件。政府机关内部增设政府公职律师会占用编制和经费，一些行政首长认为，偶有法律麻烦可以临时聘请社会律师。社会律师大多执业多年，法律工作经验比较丰富，应诉技巧相对熟悉，能让一些与法律接触不多的行政首长比较放心。

另一方面的原因是许多政府机关内部缺少有律师资格的人员，有律师资格的公务员中很多人也缺少从事公职律师工作的意愿。政府机关内部重视的是行政职务，公职律师却没有行政职级。有些公务员担任公职律师，担心自己只是摆设，想起来用，想不起来不用，逐渐会被边缘化；还担心工作缺少独立性、稳定性，有义务没权利。尤其是公职律师缺少激励机制和发展前景，干的活多，地位却仍不如一个科长、处长。

再加上政策方面限制，在司法部批准同意的试点地区之外是不允许公职律师存在的。

虽然近几年，全国各省（区、市）均开展了公职律师试点工作，中国证监会等13家中央单位也进行了公职律师试点，公职律师队伍发展开始提速。截至2016年6月，全国公职律师队伍人数从2005年的1817人迅速增长到8500多人，队伍人数十年翻了两番多，但与律师总数30.3万人相比，公职律师仍只占其中的2.5%。

并且这2.5%的公职律师中，许多人虽有一本公职律师证，每年参加一次公职律师年检，但其余时间证书都躺在抽屉里睡觉。他们虽有公职律师的名号，却不在公职律师的岗位上，从未有机会从事公职律师活动，展现公职律师的风姿。

正因为政府公职律师人少，在做的更少，所以公职律师在多数国人心目中，仍然形象模糊、鲜为人知。

公职律师是法治进步的产物，法治进步也离不开公职律师的助力。

中共十八届四中全会《决定》提出，各级党政机关和人民团体要普遍设立公职律师。2015年2月，习近平在省部级主要领导干部专题研讨班上强调，谋划工作要运用法治思维，处理问题要运用法治方式，说话做事要先考虑一下是不是合法。

2016年6月，中办、国办印发了《关于推行法律顾问制度和公职律师公司律师制度的意见》，对推行法律顾问制度和公职律师公司律师制度作出了具体安排。规定到2017年底前，中央和国家机关各部委，县级以上地方各级党政机关普遍设立法律顾问、公职律师；到2020年全面形成与经济社会发展和法律服务需求相适应的中国特色法律顾问、公职律师、公司律师制度体系。

中央的重视推动了各地公职律师队伍前所未有地快速成长。但现有的公职律师制度，对公职律师提出大量义务要求，却缺乏对应的激励机制，很难促进公职律师的工作积极性。一些省份的公职律师管理没有根据公职律师职业特点，岗前培训完全依托社会律师培训机构，不仅针对性不强，而且师资不够，导致新有律师资格的公务员，要多次竞争有限的名额才能获取培训机会。

公职律师也会用进废退。目前基层行政机关公职律师基本都是兼职，没有专属工作机构，大多只是在法制部门增挂一块"公职律师办公室"牌子。业务活动被局限在各自的单位，在小单位一年难得遇到一次复议应诉工作，很少有实战经验和相互交流机会。要培养优秀的公职律师，必须给更多的交流机会，允许他们在系统内跨单位办案，鼓励形成自己的精英化办案团队，人尽其才、相互援助，共同应对重大疑难行政法律问题。

尽管公职律师工作面临一些具体困难，但相信在依法治国的大背景下，即将迎来大发展大机遇。

公职律师 VS 社会律师

在中国，公职律师的试点主要有三种形式：

扬州模式是在地方政府机关设立公职律师办公室，为本级政府提供法律服务；

广州模式是设立专门公职律师事务所，为同级政府及其职能部门提供法律服务；

杭州、厦门模式是在政府及其职能部门分别设立公职（政府）律师办公室，公职律师同时又是本单位的公务员，只为本单位提供法律服务，这也是目前国内最常见的公职律师模式。

但无论哪种模式，由于法律规定的缺位，公职律师与社会律师乃至与政府内部法制部门之间在职能上都存在一定的重叠。如何在功能和职责分工上处理好这三者之间的关系，是律师参与法治政府建设需要解决的实际问题。

更多了解公职律师，需要比对公职律师与社会律师。

公职律师与社会律师，都是律师群体的组成部分。在成为公职律师之前，我研究生阶段也从事过社会律师工作，对两者、对律师职业深有体会。

在市场经济社会，不同律师行走的道路肯定不一样。但我认为，不管公职律师，还是社会律师，都应该是一名坚定的法律信仰者。律师的职业道德是受人之托忠人之事，但是律师首先是一个法律人，坚守法律，追求公平正义是对法律最基本的信仰。律师需要通过自身工作，向社会传达一种信息，所有的行为都应该在法律这个规则内，法律是人性的底线，不可以突破这个底线。

公职律师与社会律师，孰长孰短？

社会律师大家比较娴熟，他们的优势是：业务涉及领域较宽，法律工作经验比较丰富，应诉技巧相对娴熟，能较好解决混合法律问题。

公职律师的优势是：

首先，公职律师擅长行政法，尤其是其所熟悉的行政部门法领域。

现在社会分工越来越细，法律专业分工也越来越细，没有谁能真正掌握全部的法律知识。

但多数社会律师相对熟悉、日常工作接触较多的是民事、刑事实体法和程序法，办理过大量行政案件，真正对政府专门法律深有体会的社会律师仍然凤毛麟角。2015年全国人民法院新收一审民商事案件约1009.8万件，刑事案件约112.7万件，行政诉讼案件约22万件。行政诉讼案件数量相当于民商事案件的1/50，刑事案件的1/5。行政诉讼案件案源少，收费也较低，挣不到钱，导致鲜见专门从事行政诉讼业务的社会律师。

行政法律涉及的社会领域十分广泛，内容纷繁丰富，行政关系复杂多变，因而没有一部全面而又完整的统一法典，而是散见于层次不同、名目繁多、种类不一、数量可观的各类法律、行政法规、地方性法规、规章以及其他规范性文件之中。以税务部门为例，税务工作专业性很强，全国人大、国务院、财政部、国家税务总局制定过8000多个涉税法规、规章和规范性文件，另外还有大量的地方性税务法规、规章和规范性文件，真正理解还需要掌握相当的经济、财会基础知识，公职律师专攻一业，比较容易做好做精。大部分社会律师税务专业法律知识不如政府内部法制工作人员。

其次，在提高前期行政行为的质量上，公职律师能发挥更大作用。

律师的作用分为三个层次。第一层次只是帮你提出问题；第二层次是不仅提出问题，还帮你解决问题；第三层次是不仅做到上面两点，更重要的是站在你的角度，帮你预防问题的发生。

社会律师处理法律以外的社会问题和各种纷繁的社会关系经验较丰富，但作为非国家公职人员，社会律师过多参与政府内部的决策，起草、审查大量规范性文件和内部工作制度，参与重大行政行为的个案审理，会违反政府组织活动原则。其次，起草、审查规范性文件和内部工作制度，参与个案审理，是一项共同协作、艰辛繁琐而且没有直接经济效益的长期工作，社会律师作为一种自由职业者，要求他们服从政府的安排，作出过多的时间、精力奉献也不合理。

与社会律师相比，公职律师具有显著的不同点。最明显的不同是公职律师身份的双重性。公职律师供职于政府职能部门或行使政府职能的部门，既是国家公务员又是律师。公职律师作为政府的内部一员，没有以上局限，能与政府其他法制工作人员互补。

最后，公职律师可以有更多的时间和精力为政府服务。

优秀的律师是有责任心的律师，但优秀的律师也很忙。社会律师与政府是临时聘用关系，必须考虑到经济效益，必须同时办理其他客户的委托事项。不能要求社会律师像内部法制工作人员一样，以政府工作为中心，做好随时待命的准备。

而公职律师供职于政府部门，平时不接办社会上的其他案件，可以集中精力为政府部门工作。我为 F 市税务局应对春江公司行政诉讼案时，能够连续四天两夜，大家挤在一个会议室里，每天忙碌十几个小时，埋头整理证据材料。不计算利益和报酬，能够投入全部的工作时间，是公职律师的一大优势。

政府机关无法对临时聘用的社会律师过错直接惩处，他们的工作责任心往往只能取决于自身的素质。实践中，出现过不少外聘律师办案过程中玩忽职守，泄露了政府工作秘密和诉讼秘密的情况。

公职律师与社会律师虽有诸多差异，但二者不是冲突关系，优秀的公职律师与优秀社会律师，都是尽职的法律人，可以友好地互相配合，共同为政府的依法行政提供思想层面和技术层面的支持，为法治政府建设作出贡献。

在中国，公职律师并非土生土长的职业，而是舶来品，所以难免会出现水土不服、张冠李戴的情况。在现实生活中，能直接接触公职律师的民众并不太多，外界对公职律师的认识，往往移植于律师和小公务员的形象，存在两个极端。一是影视作品中塑造的意气风发、机敏睿智、谈笑从容的律师形象，一是忙忙碌碌、拘谨慎微、平庸刻板的小公务员的形象。甚至在一些民众心目中，律师，尤其是为政府说话的公职律师，大抵是为权势服务，信口雌黄、颠倒黑白。

包括公职律师在内的律师职业本身，既不是天使，也不是魔鬼；既不代表正义，也不代表邪恶。律师只是通过自己参与的法律工作，来实现和体现法律的公平与公正。平心而论，公职律师属于公务员队伍里的专业技术人才，高学历群体。与普通公务员相比，他们有更多的信念追求。日常工作又类似医师、工程师等专业技术人员，没有想象中的高大上形象。

律师的职业道德是受人之托忠人之事，作为国家公务员或政府雇员的公职律师，为政府服务也是应有之义。但公职律师首先是一个法律人，坚守法律，追求公平正义是对法律最基本的信仰。称职的公职律师，不会触碰法律红线，坚持职业道德底线，敢于直言，知道正确的取舍，能够在政府里为法律说话，为依法行政助力。

首位税务公职律师之路

我出生在教师家庭，出生时中国还没有真正的法治实践，当时全国只有一部《宪法》和一部《婚姻法》。小时候很喜欢看书，经常泡在学校图书馆，曾经梦想成为科学家、文学家，甚至还梦想成为穿上威武制服的军官。

少年的梦想绚丽多变。报考大学时填志愿，建设中国特色社会主义法制国家，已经成为时代的热词。选择法律专业是我人生的第一次重大自主选择。作为高中毕业生，虽然我最喜欢历史学科，但知道历史研究偏重理论，不想成为历史学古董，"爱好"只能迁就未来"就业"。那时候的我，对法律很懵懂，只是看到影视剧中法官、检察官的权威与尊严，律师的才华与自由，而且内心还有一点渴望穿制服的情结，那时的我就选择了这"大有前景"的专业。高考第一、第二、第三志愿全部填写"法律专业"。

幸运的是，我高考取得全县第二名的成绩，加上高考志愿全部填写"法律专业"的决心，让我如愿以偿地被第一志愿的大学法律系录取。

进入大学的我，享受着大学时代的美好，但认真学习的只是有兴趣的课程。一晃四年，离开校园时似乎学过了很多，又似乎没学会什么。

第一份职业是到基层司法机关工作，虽然我是单位的第一个法律专业大学生，但我发现在法治的起步阶段，大学里的课本知识很难解决社会基层的现实问题，况且我也学得不很扎实，部队转业和高中毕业后招干进入司法队伍的同事们，远比刚出校门的我如鱼得水，失落感悄然而生。不肯认输的我，不愿业余时间在酒桌牌桌旁虚耗，再次拿起法律书本，决心在专业上提升自己，用知识改变未来。

白天工作，晚上学习，自己能支配的时间远远少于在校生，我在办公桌的案卷底下放着学习用书，稍有间隙就充分利用。没有空调的夏日夜晚，桌头的灯光、身上的汗水吸引了远处的飞蛾和蚊子，但时不我待，少小不努力，将会老大徒伤悲。连续学习，我担心自己太累了，一睡下去就会过头，所以太疲倦时，就和衣而卧，翻身就起床，用冷水洗一把脸，又可以重新埋头到书本之中。

那些日子，我一个月学的知识超过了大学一年学的。特别是重点法律知识反复背记，打下了扎实的法律根基。没有老师的辅导，我一手拿着法律条文，一手拿着考试辅导书，独自进行深入、细致、全面的"地毯式"学习。书店买的多数考试辅导书粗制滥造，其中的一些错误让我纠结半天，百思不得其解。查找很多资料反复对比，最终才弄明白，原来是辅导书编写不严谨，可把我这较真的人坑惨了……"肯定——否定——否定之否定"的探索知识过程，反而让我养成了不迷信权威，独立思考、独立寻求答案的习惯，发现了法律中存在的很多漏洞和自相矛盾的地方。

辛勤的付出，使我顺利通过了通过率只有5%的律师资格考试、考上了通过率只有10%的硕士研究生。不断地学习，法律知识逐渐融入我的血液，我对法律的情感愈益加深。看到法律在工作和生活中的巨大作用，做一名法律人从最初的职业选择慢慢成为人生的内在追求。

研究生毕业后，再次择业时，多了些成熟，少了些盲目。我的未来是什么？

我是法律人，法官、检察官、律师、法学家都是法律职业共同体的一部分。

少年时喜欢法官、检察官职务带来的威严感、控制感和自我价值感，也渴望运用司法权力来斩奸除恶、匡扶正义。但大学毕业进入基层司法机关，办理案件时，才发现自己只是司法机关的一颗螺丝钉。

记得我在司法机关办理的第一个案件，是个官员群体贪腐案件。当时的我，认为自己代表法律，是正义的化身。领导对我说："小林啊，你太年轻，别就知道法律，要多考虑社会效果，多向领导报告。"贪污几万元的书记，是当地的能人，先取保候审，后被判缓刑；与书记共同贪污几万元的会计，因为身体有病，也被保外就医；老实坦白，积极配合查账，只贪污几千元的出纳，却在我面前被戴上手铐，送入监牢。看到近60岁的出纳被戴上手铐时绝望、无助的眼神，刹那间我有些自责，对自身工作的价值，产生了深刻的怀疑。

多年的法律教育，让我学到了丰富的法律知识。我想为法律服务，除了服从法律，讨厌在违背自己意愿的情况下做事。

在法律职业共同体中，律师表面上为当事人一方服务，实际上是法律的臣民，为法律服务。他们可以有自主的意愿，能够保持相对独立性，通过维护当事人的个体合法权益，来减少判断错误，维护法律正确实施，维护社会公平和正义。又有多少人注意到，当律师在法庭上和公诉人唱反调，为佘祥林、赵作海、钱仁凤等"罪犯"做无罪辩护的时候，正是为司法正确做努力。同时律师工作有较多的自由，适合喜欢内心自由的我。

当然，任何自由都有代价，律师的自由代价就是更多的竞争压力。作为一个自由竞争的职业，社会律师自己花钱自己赚，业务的竞争是生存的竞争。在律师界有一个自我调侃的段子：说有一架外国飞机在航行中突然遇到了意外风险，于是机长通过广播向全体乘客发布了立即穿着降落伞以防万一的命令。过了一会儿机长问乘务员小姐，乘客们准备得怎么样了。小姐说，除了一个乘客大家都按照命令做了。机长很奇怪问她那个人是怎么回事，她回答说，那人是个律师，正在忙着给大家发名片，让大家后事处理时有法律问题找他。一般人讲这个段子是来说明律师贪婪，"要钱不要命"。我相信对众多法律人来说这个故事更说明律师执业竞争之激烈，在性命攸关的时刻仍得为业务而"舍身求法"，这种"敬业"精神掩盖下的是残酷的竞争事实，甚至将生死置之度外！

不忘初心，方得始终。过大的竞争压力，容易让人忘记初心所在。我很认同《伟大是熬出来的》的作者冯仑关于幸福观的总结：人生既要提倡一点宗教精神，也要多一点奋斗的欲望，然后既不断奋斗又合理控制自己的欲望，这样的中庸之道才是离幸福最近的道路。快意人生要做到内外平衡，快乐在于三种自由：财务的自由、时间的自由和摆脱是非的自由。所以我理想中的职业是没有财务捉襟见肘，拥有支配时间的自由，享受着他人对权威的尊重，帮助着自己愿意帮助的人。

如果一个工作，能为法律服务，发挥我的专业特长，保持相对自由，享受着他人对法律权威的敬重；在拥有独立自我的同时，不为职业竞争、生存压力去做一些不喜欢做的事，就是适合我的职业。因此，兼有律师自由和职业稳定的政府法律顾问工作，对我是个不错的选择。借着杭州市政府引进人才的东风，2002 年，我因为有律师资格、硕士研究生学历、司法机关实际工作经验等优势，顺利地进入了税务系统工作，担任法律顾问。

杭州是我很喜欢的城市，"上有天堂、下有苏杭"，表达了古往今来人们对于这座美丽城市的由衷赞美。作为 G20 峰会的举办地，杭州不仅有优美的风景和深厚的历史文化积淀，而且是中国最具经济活力的城市之一，连续多年被世界银行评为"中国城市总体投资环境最佳城市"。杭州集聚了全国超过三分之一的电子商务网站，全球最大的电子商务公司阿里巴巴总部也位于杭州。但杭州最让人喜欢的还是其精致和谐、大气开放的人文精神，和谐的社会、良好的治安吸引了各行各业的精英。中国前首富宗庆后、现首富马云都出自杭州，也生活在杭州。

也许和杭州的人文氛围有关，杭州人有了争议，喜欢走法律途径，而不是极端手段。杭州政府的法治理念和依法行政工作都走在全国前列，各级政府对法律顾问工作都比较重视。我来税务局工作之前，税务系统发生过多起涉税行政诉讼案件，市税务局和各区县税务局花费不少资金聘请社会律师作为常年法律顾问，诉讼案件代理费则按市场价另算，但由于社会律师没有精力介入执法事前、事中阶段，难以避免出现败诉的情况。我来之后，市局感觉得心应手，再无外聘常年法律顾问，并让我为缺乏应诉力量的区县局提供法律援助。

21世纪初，经司法部批准，杭州市幸运地成为全国公职律师试点地区。2003年，杭州开始按照浙司[2003]177号文件尝试建立公职律师队伍，我也顺理成章地成为杭州市首批、杭州市税务系统唯一的公职律师。由于全国其他地方税务局没有杭州地区这样的机缘，我成为全国税务系统最早的公职律师，因此也可以说是全国首位税务公职律师。公职律师一路走过来，十年后的今天，我的身边又逐渐有了十二位税务公职律师。

公职律师是一个能够满足自尊、维护社会公平正义、施展才华以及体现人生价值和社会价值的职业。当自己的观点被领导和同事欣然接受，出庭辩护的意见被法官采纳的时候，当解决了一个又一个纠纷的时候，我感受到了公职律师职业的幸福。

法律只有不断的实践，才能保持自身的活力。作为首位税务公职律师，我很自豪，相信税法的繁荣，离不开税务律师的参与，尤其是税务公职律师的参与。现阶段税务法律工作处于"起步"的过程，"起步"阶段的税法，只有纳税人、税官、律师、法官等社会各阶层共同参与，在正反两方不断的质疑、解说和争论中，通过更多的案例、判例积累，才能不断提高和完善。

社会分工越来越细，法律专业分工也越来越细。税务法律是个深邃的蓝海，国外律师有三分之一左右从事税务法律，现在中国注册税务师有 15 万人，注册会计师 20 万人左右，律师 27 万人，全国税务系统有律师资格的有 1979 人，但懂法又懂税、经常办案、比较活跃的社会税务律师和税务公职律师却只有几百人。有经验的税务公职律师在中国属于稀缺资源。

公职律师本身没有行政权力，是在为政府部门服务的过程中体现自己的价值。公职律师的意见采纳与否，取决于行政机关的领导与具体执法人员。你如果不想运用权力为自己谋私利，权力更多是一种责任，缺少权力未必不是好事。

公职律师的业余时间相对较多，工作中也往往能接触到深层次的法律问题。我喜欢法律思考和写作，担任公职律师之初，我将日常工作和咨询答复过程中遇到的新奇特案件和复杂疑难问题，记在纸质本子上，空余时间思考研究，年终分类汇总。一年下来，纸质本子换了好几本，每本记载的内容都杂乱无章，年终整理重新抄写时头都大了。

我外出总是背着个小肩包，办案或参加会议，别人掏出一本纸质本子，我也会从小肩包中掏出一台平板电脑。我的平板电脑电磁手写笔记录比钢笔还快。

2006 年后，我利用随身携带的平板电脑，收集工作过程中遇到的新奇特案件和复杂疑难问题，随时能将思考研究内容记录到 word 中，复制、剪切、粘贴后形成"文件夹"。几年时间，我利用税务律师、法规处长、法院陪审员的三重身份，根据自己的工作需求和日积月累，发挥理论与实务相结合的优势，出版了《税收征收管理法一本通》、《常用税收法律一本通》、《税收法律政策分解适用全书》、《税务行政处罚理论与实务》等六部作品，总字数达 360 万字。

我有一个梦想，借着依法治国的翅膀，带领一个公职律师团队，成功应对更多的疑难复杂案件。也许有一天，我能作为专业技术人员，成为单位的总法律顾问，甚至成为闻名全国的税务法律专业律师。

我希望自己在朝既定目标迈进的途中，能够真正地淡泊明志，宁静致远，做一个不随波逐流的人，做一个不会为迎合他人目光而不断改变自己的人。一言以蔽之，做一个自在的法律人。

从法律人到首位税务公职律师

税务公职律师的首场应诉

作为法律人，担任政府公职律师之前我已出庭参加过很多应诉，之后也参加过很多应诉，但十年前的这次应诉，给我留下了深刻的记忆，不仅是因为它是一个有着特殊纪念意义的案子，是我成为中国首位税务公职律师后的首次应诉，也是因为案件本身所具有的复杂性。

这个案子发生在杭州下属的 T 县，T 县依山傍水，向来经济繁荣，人文发达。美丽的风景自古盛产美丽的故事，但此刻，美丽的风景却并未伴随美丽的心情，反而有些沉重。

案子的主人公叫王芬，三十多岁仍旧单身，财务出身，过着朝九晚五的生活，是典型的公司白领，用精致的妆容掩饰着深深的疲惫。她来自平凡的家庭，一路摸爬滚打终于在城市里站稳脚跟，拥有了掌控自己人生的力量，但她内心渴望着的不仅是财富，更渴望有一个幸福的家，有一个温暖的怀抱。这样自己在打拼时可以不那么孤苦伶仃，不再总是一个人在深深的孤独里沉默地数落风霜。就在这时，她认识了那个比自己大十岁的男人，也是这个让王芬以为是会驾着七彩祥云而来的男人，将自己推向了陨落的深渊。

这个男人风趣幽默，财富有成，对王芬也表示出极大的好感。王芬在这个男人面前，似乎一下子回到二十岁，不假思索迅速地陷入爱河。男人的出现让她以为这一切都是命运的馈赠，是缘分终于到了眼前伸手就可以握住，她产生了希望能和男人结婚的想法。男人本来有一家自己的公司，而在王芬出现后，男人表示要与王芬一起另外成立一家新公司，由王芬担任新公司法定代表人，让新公司成为两人爱情的共同象征。

沐浴在爱情中的王芬头脑变得十分简单，但是王芬的这个男友却不简单，在如战场的商场上是个老江湖，一直游走在法律边缘，谋取高额回报。两人合开的公司叫做春江商贸有限公司（以下简称"春江公司"），王芬是公司的法定代表人，而公司的实际经营人是她的男友，公司事务全部交由男友处理，王芬十分放心。但是男人却利用了王芬对自己的这份信任，教唆王芬少缴税款，而深爱着男友的王芬对此一一照做了。

然而法网恢恢，疏而不漏，T县税务局稽查局接到举报开始对春江公司进行税务检查。通过外围调查，税务局掌握了春江公司偷漏税的部分证据，初步确认纳税人在账簿上少列收入，进行虚假的纳税申报来逃避纳税义务，数额巨大，涉嫌犯罪。但由于税务机关没有刑事侦查权，也缺乏相应的强制手段，虽然手握证据，却只能通知公司的法定代表人来谈话。

税务局的调查让王芬很害怕，她担心地问男友会不会有事，男友强装镇定，信誓旦旦地说不会有事情的，他自有办法，并教王芬应该怎么应付税务机关。事情到了这一步，王芬虽然害怕，也发觉男友似乎在做些不正经的勾当，但是退路已经没有了。于是王芬按照男友说的开始拒绝配合调查，谎称公司账本遗失，而后人也以出差名义离开本地。这让税务局办案更加困难，税务机关在现有调查手段无法查清全案的情况下，及时向公安机关移送，请求公安机关接手此案。

公安机关通过技术手段，发现王芬在她男友外省的家里，并将王芬和她男友一起抓获，然后对该公司实际经营人也就是王芬的男友进行刑事拘留。但是直到警察到来的前一刻，男友依然没有意识到大势已去，还在一脸自信地对王芬说少缴税款不是大事，自己早就预料到事情会怎样发展，在外躲避几天，这个风头就过去了。而王芬依旧对男友的话奉若神明，并且此刻除了相信他，王芬也想不出别的办法。

两人归案后，公安机关根据税务局提供的证据材料，和外围调查取得的春江公司交易凭证，认定该公司转让土地使用权取得的 180 万元收入未申报纳税构成偷税，涉嫌刑事犯罪，将此案侦查终结移送检察机关。

检察机关面对一堆的账本凭证和复杂的数据勾稽关系，审查过程中发现该案涉及许多专业知识，感觉有些不踏实，就建议公安机关重新核实。公安局也很头疼，为了减轻自身工作压力，提出希望税务机关先行作出税务处理处罚决定。税务机关碍于公安机关长期合作的情面，虽然不情愿，但还是答应了公安机关的要求，对春江公司先进行了行政处理和处罚两个决定。但就是这个碍于情面，让事情变得复杂起来，由一个刑事案子衍生了两个行政诉讼案件。

T 县人民法院关于春江公司偷税刑事案即将开庭，这时的王芬才真正地慌张起来，她连忙多方托关系，专门从外省请来名律师分析有关法律事项，帮助自己减轻罪罚。律师了解了王芬目前的状况，说办法还是有的，但行不行得通还难说。律师提出春江公司偷税罪起源于税务机关的偷税处罚，而现在要做的便是力求改变税务行政处理、处罚决定。只要推翻税务机关认定的违法事实，就可以改变刑事判决。于是王芬按照律师安排，以不服税务局作出税务行政处罚、处理决定为由，即刻向人民法院行政庭提起两个行政诉讼。由于两个行政诉讼密切相关，法院合并在一起开庭审理。而我此次代表税务部门出庭，便是首次以公职律师身份，应 T 县税务局邀请，应对王芬对税务局的行政起诉。

终于等到了行政诉讼庭审的这一天，法庭原告席上，春江公司法定代表人王芬情绪低落，而她的身旁坐着的两位律师表现出来的却是斗志昂扬。这两位代理人是原告春江公司多方打听，不晓得花了多少代价，专门从外省请来的。一位 60 岁左右，是精通税收法律的外省税务局退休干部，因为他办理过许许多多的涉税案件，对税收法律显得很自信。而旁边一位40 多岁，带着一堆税法书籍和财务资料，据了解这位是资深的行政诉讼律师，告政府的案子不知处理过多少，胜多负少，王芬的案子对他来说已经是小菜一碟了。这样的律师阵容也算是强强联合了，他们的情绪表明他们十分相信自己实力，也或许是用这样的表现来增加原告王芬的信心，震慑我方当事人。不过这样强势的原告律师阵营，并未给王芬带来什么心理上的安慰，自信的律师团丝毫没有为此刻沉默迷茫的王芬带来些兴奋，当然他们肯定没想到，在一个看似普通的县城里，他们和中国首位税务公职律师对决。

这边我方也就是被告方在人数上是略居下风，本应出席的税务局法定代表人——税务局长因有事不能出庭，所以被告席上只有作为代理人的我和税务局主办该案的稽查科项科长两人。在这里顺便普及下政府行政官司的常识：成为政府律师后，我基本坐在被告席，而由于政府首长一般不会出庭，所以作为代理人，我便是主角。而这个案子也是我第一次以公职律师身份出庭，十分慎重。我方代理人的组合，是经过充分考虑的。我是税务局律师，熟悉法律应对；项科长是稽查能手，还是本案经办人，熟悉案情，阵容丝毫不逊色于对方的两个资深律师。

虽然在人数上，原告和我们是 3∶2，我们处于劣势，但这里是法庭，胜负靠的是法律和事实证据，而非人数。而法庭证据的呈现，更多靠的是前期的准备。

律师工作也需要精打细磨的工匠精神，为了取得庭审的胜利，我方开庭前已做了大量准备。行政机关负举证责任，提供的证据是关键，收集整理证据是一种机械重复的工作，需要工匠般专注、坚定、踏实、精益求精，而税务案件的证据特点是量大票据多。为了赶在十日内提供充足完善的证据，税务局领导十分重视，特地抽调 5 名税务人员配合进行证据的整理，连续四天两夜，我们挤在一个会议室里，几乎接近封闭式地工作，只做了一件事——埋头整理证据材料。每天忙碌十几个小时后，到了月朗星稀的深夜，我独自散步在幽静的富春江畔，想着明天的工作，想着这个案子从证据的整理，到庭审的准备。案件每个环节都花费了我和同事们很多心血，也许只有公职律师，才会不计算利益和报酬，才能舍得用这么多时间，着手准备应诉的基础性工作。

证据资料分四组：第一组证据证明本案程序合法，包括相关法律文书、送达回证、纳税人营业执照等；第二组证据证明土地使用权已转让，包括委托拍卖合同、拍卖成交确认书、付款清单、收款收据、国有土地使用权证；第三组证据证明纳税人未按规定申报缴纳税款，包括年度申报税额审核表、税（费）纳税综合申报表、损益表、资产负债表等；第四组证据证明偷税行为的过程，包括公安侦查笔录、证人陈述材料等。各类证据厚厚的一沓，最后我们总计整理了 720 页证据材料，完成了这个堪称浩荡的工程。

我们将这 720 页证据材料分为四本，分别装订后提供给法院。法院行政庭的审判长目瞪口呆地看着我们将厚厚一摞证据扛到了他的面前，然后从震惊中回神，拍着手边的答辩状和案卷证据材料不无感叹地说，他从事行政审判工作多年，第一次看见这么厚实、这么整齐的证据卷宗，这份对待证据认真严谨的态度着实令人感动。审判长的这句话，让花费这么多时间整理证据的我们感觉没有白费心血，后来更是因祸得福，胜诉后的这份税务案卷参加了全省税务系统稽查案卷评查，竟然获得了当年全省税务系统稽查案卷评查第一名，这相当于全省税务系统的"诺贝尔"奖项，其卷宗一度成为税务部门在整理证据时的模板范本，这也让后边整理证据卷宗的同仁们抱怨不已。

提交证据材料后，我心中仍不踏实。因为我推测春江公司提起行政诉讼，告税务局的目的，是为了改变原行政处理、处罚，最终逃避刑事责任追究。王芬在行政诉讼过程中，估计会推翻她以前有关偷税的供述，这是她改变自己命运的唯一机会。在刑事庭审中，犯罪嫌疑人为了争取法院从轻判刑，对检察机关公诉人的态度一般比较恭敬配合。而在行政庭审中，行政机关作为被告，其具体行政行为开庭前已经作出，不可能再有给对方从轻处理处罚的机会，春江公司作为原告，对行政机关除了不满，不可能有配合。行政行为还有个特点，由于行政法律法规不够完备，经常是规范性文件挑大梁，而法官对不同部门的行政行为，其各自工作特点也不一定了解。

这些因素使我感觉到即将来临的行政诉讼庭审并不简单，再加上本案证据原件多装订在检察院的刑事起诉案卷中，怎样才能让春江公司在行政诉讼时如实陈述，把复杂的问题变简单，让法官对事实真相一目了然，这需要发挥公职律师的法律思维和应诉经验。

我想出了一个应对策略，即请求法院在刑事审判后，再对春江公司的行政诉讼进行庭审。由于该案人民法院刑事受理在行政诉讼之前，法院认为我们的建议很有道理，同意行政诉讼在刑事审判之后开庭。这个对策是极其有技巧的，直接化繁为简，将税务局行政处罚春江公司的败诉风险减少到最小。

显然这是春江公司以及王芬甚至是她的两名资深律师事先没有预料到的变故，王芬一直把男友当成神一样的崇拜着，而后又对知名律师的能力十分信奉，她从未想过按照剧本万无一失的表演竟然会有人跳戏，但两个庭审的对换，却让王芬措手不及了。

十天前，偷税案刑事审判先开庭了，我和项科长拿着笔记本静静地坐在旁听席上记录。王芬在开庭前不久才明白这个庭审顺序对自己翻案意图的意义，她整个人当即彻底失去了斗志，她只知道，自己确实有偷税，自己的狡辩会加重自己的刑罚，其余脑子里一片空白。在刑事庭审中，春江公司和王芬是被告，检察机关代表国家公诉，掌握发问的主动权。王芬在刑事审理过程中失魂落魄，为了争取法院从轻处罚，积极表明自己的认罪态度和悔过意识，对检察机关公诉人态度极其恭敬配合，干干脆脆地承认了所有偷税事实。虽然每一个承认都带着颤抖，虽然每一个认罪都伴随着更加苍白的脸色和更加散乱的目光，但她却没有任何的争辩。那两个从外省请来应对行政诉讼的知名律师，也参加了刑事庭审，只能摇摇头，表示没办法了，刑案证据法庭已经掌握得十分充足，只能积极认罪争取从轻处罚了。刑事庭审异常顺利，法院迅速作出刑事判决，判决春江公司构成偷税罪，但考虑到被告的悔罪态度从轻处罚，王芬也服从判决未提起上诉。这个判决结果也成为十天后行政法庭最为重要的证据，所以此次行政庭审对于王芬的翻案来说，基本上是希望渺茫了。

这可能是行政庭审开始时，王芬眼神里满是不安，脸上没有一丝神采的原因。因为王芬已经看到不好的征兆，预感到结局的无奈。

上午9点30分，行政庭审判长一敲法槌，宣布开庭审理，仿佛是决定命运的大锤已然敲响。虽然王芬的身份由刑庭的被告转换为行政庭的原告，但是决定命运的剧本却已经写好不能更改了。我看向对面的王芬，对方依旧陷入久久的呆滞。

庭审按照固定的流程，先由原告方律师宣读起诉状，接着是我方宣读答辩状。不论是起诉状还是答辩状，都铿锵有力，意气凛然，都力图将对方从气势上压倒，但这只是个开始。

接着进入举证质证和辩论阶段，也是所有庭审中，最为精彩的环节。原告律师首先否定春江公司转让土地事实的存在，因为春江公司所拍卖土地上的房屋属于另一家公司，而该土地上的房屋产权没有发生变化，原告律师说这个买卖还没有完成，所以不存在偷漏税的事实。

我旁边的项科长寸步不让，锋利反驳，春江公司所拍卖土地上的房屋的所有权属于实际经营人也就是以王芬男友为法定代表人的另一关联公司，但房屋所在的土地属于春江公司，春江公司是受该公司的委托后，连同自己所有的1000平方米土地使用权作为一个标的委托拍卖公司进行拍卖，拍卖成交价为390万元。虽然属关联公司的2000多平方米房产因故没有过户给买家，但属于春江公司的国有土地使用权已于拍卖成交后转让给买家，并收取了相关款项，所以应对出让土地的所得缴税。

接着原告律师又质疑税务机关核定其转让土地价格180万元是否合理。

我拿出《税收征收管理法》，说明春江公司所拍卖的土地和土地上的房屋的所有权分别属于两家关联公司，由于它们有特殊的关系，存在不按照独立企业之间的业务往来收取或者支付价款、费用的可能。因为它们在拍卖成交后都没有申报纳税，也没有将拍卖收入反映在财务报表中，并且春江公司称账本已经遗失。所以税务局在充分考虑春江公司利益的基础上，将土地管理局不久前出让该国有土地使用权给春江公司的出让价180万元，认定为该公司将该土地使用权转让给买家的同期同月成交价格，是合理合法的。

原告律师面对不容置喙的证据，出现了片刻的无言以对，他们理亏，找不到合适的话来反驳，面露窘迫的神色。正待要开口争辩时却被人打断，打断律师的却是原告法定代表人，也就是从呆滞中清醒过来的故事的主人公王芬，她眼见自己就要输了忍不住激动起来，王芬双手撑住桌子，哽咽着说，当年她只是对税法不了解做错了账，并没有偷税行为，自己不是有意偷税的。她反反复复地重复着，自己没有偷税，没有偷税，泪水断了线，模糊了眼睛，好像已经找不到方向一般胡乱地喃喃自语。

看到她的无助和绝望，我心里的同情十分真切，但作为税务机关的代理人，代表税务机关提出法律主张是职责所在，我举证十二天前刑事审判庭上王芬的认罪供述。在十二天以前的刑事案件审理中，为了争取宽大处理，王芬对自己的罪行已经事无巨细地承认，她在刑事审理中承认事实的言词成为本堂审判最为重要的证据。

有庭审记录在案，并被生效的刑事判决所确认，现在春江公司不服行政处理处罚的行政诉讼案在同一人民法院开庭，其行政诉讼的借口其实都是在打自己的脸了。尽管此刻她仍旧想要扳回一点已成定局的局面，但证据摆在那里，不论她做什么都改变不了局面。生效的刑事判决成为税务机关最好的辩护词。

两个庭审时间的先后安排，起了防止王芬否定偷漏税事实、防止行政诉讼中出现诡辩的巧妙作用。这就是为什么庭审一开始王芬便情绪低落的原因，因为她早已有不祥预兆，也许从在刑事法庭将所有的罪责揽到自己名下，承认指控的偷漏税事实存在开始，她就知道，自己没有翻案的可能了，自己将面对法律的惩罚。

王芬捂着脸，再也说不下去了。

上午11点30分，审判长宣布庭审结束，春江公司败诉。

这个案子结束了，案件中的一切都将成为一页页的文字，装进卷宗，成为没有了感情的资料。从法庭里走出来，耀眼的阳光晃得人几乎睁不开眼睛。

与法官的"幕后"交往

律师和法官的沟通与交往是绕不开的话题，公职律师也一样。

在社会公众心目中，公职律师和法官都属于"官家"的人，沟通和交往似乎不是问题。实际上，这是对中国传统社会的一种理解，当年包青天是怎样的人？其实他就相当于今天开封市委书记、市长、人大主任、法院院长、检察院检察长的合一。既然为合一，古代行政官员和法官当然不存在沟通和交往问题。但现代社会推行法治，提倡权力相互制约，行政权和司法权属于不同的权力体系，行政官员和法官的相互离散和冲突成为不可避免的现实。

行政法治要求行政机关依法办事、依法治国、依法管理国家。一个国家能不能真的实现法治，很大程度上就取决于法院是不是通过行政审判让行政权力在法治轨道上运行。法治推进，法院的地位自然就提高。平时行政机关与法院各司其职，工作是一种平行关系，但行政机关一旦被诉，再大的行政机关也只能是被告，降为和原告同等地位的诉讼当事人。

公职律师需要和法官沟通交往

作为被告的行政机关，当然渴望自己的行政行为能被居中裁判的法院认定为合法正确，公职律师作为政府行政部门的法制工作人员，领导和同事们就期望他们不但能承担起应诉工作，而且能发挥行政部门和司法机关的沟通与交往的桥梁作用，通过合法途径维护行政机关的权益。

可能是因为我有过一段不短的司法机关工作经历，现在又有公务员身份，相似的学习和工作经历，可以让我在和法官接触的时候，很容易理解法官，快速找到自己和他们的共同点。我的律师资格、研究生学历、处级公务员身份，是我获得法官尊重的门面牌；与财税专业知识有关的话题是我的杀手锏。法律问题交流之后，我会跟他们聊工作心得，传授我的财税经验，还把我收集的财税资料和写作的书送给他们。有些时候，也为相互工作中的付出与收入不成比例而叫屈，这样彼此沟通就没有了距离。

中国法官不像英美法系法官可以创造判例，更多情况只是遵守法律，不穿法袍时的法官更像行政官员。法官很忙，我经常联系的基层法院行政庭有 2 名女法官 1 名女书记员——刘庭长、沈法官、王书记员，员额少到连开个合议庭都要到别的法庭请法官或请人民陪审员出席。

行政庭需要人民陪审员，我觉得和法官们一起工作，能开阔我的行政法治视野，又能减轻法官的工作负担，相互还能走得近一些。我就报名申请成为人民陪审员，由于我的法律学历和财税专业知识，轻松地通过法院考核，被人大任命为人民陪审员。在陪审员的岗位上，确实有了更多机会和法官直接交流，庭审结束，我经常参与到法官们对案子的讨论中来，和她们一起进行分析。幕后的法官，像公务员一样，也要承担繁重的工作压力，也需要衣食住行，也有七情六欲。久而久之，大家都变成熟悉的朋友。因为我这人民陪审员是行政庭唯一的男性，她们戏称我是"洪常青"。

法官太累，除了聚光灯下的庭审要全神贯注，大部分工作时间都在阅卷、研究案情、制作裁判文书。除此之外，法官还要参与政治组织生活，接受思想品德教育，写法院系统政治学习的心得体会、各种司法为民的汇报材料，甚至还有调研信息宣传写作的任务要求。行政庭一年办案数量180多个，院领导还认为她们比其他庭轻松，期望她们为民庭分担部分任务。我估算一下，扣除节假日，几乎每天都有新案，加班到晚上七八点是家常便饭，比行政机关一般工作人员辛苦得多。

作为人民陪审员，我几次在庭审结束后提出本庭组织活动轻松一下，我提议大家一起去西湖边，坐在茶楼，捧着茶杯，什么都不说，什么都不做，看着宁静的西湖，熏着春日的暖风，静静地享受着时光的流逝。几位法官都雀跃着说：太好了。然而，具体确定时间时，刘庭长说，我好久没有时间和孩子交流了，过些天吧；沈法官说，我桌头有6个案件快超期了，每天晚上都加班，等些天；王书记员说，法官们都太累了，我也有许多档案待整理，改天吧。我知道她们并不是不渴望轻松，而是真的没有时间放松。几次约定一再改天后，我明白对她们来说，一起喝个茶，时间上太"奢侈"了，更需要的是回到家躺下然后好好睡一觉。

举报人颜先生每天把报纸上房屋买卖、土地转让、商铺租赁等内容的小广告一一剪下来，分别寄给对应的税务局，要求税务部门对这些发布广告的商家进行税务检查，然后他耐心地等着举报奖励。有一次被举报单位真有大问题，税务稽查局奖励了他30597元。他觉得太少，便把税务稽查局告上了法庭（具体诉讼情节详见后文）。

稽查局局长是位老领导，却第一次当被告，还是有点紧张，请我作为代理人陪他和黄科长一起去行政庭庭长办公室，解释举报奖励的发放标准。交流结束后，稽查局局长私下向我表示，想请法官吃个饭，我就说，肯定不合适：法官真的很忙，连喝茶都难邀请，何况诉讼期间一起吃饭也容易遭受非议。稽查局局长灵光一闪，想起来最近局里搞业务培训，正需要法律方面的讲师，何不请刘庭长来讲课，既提高税务干部的法律素养，又顺便答谢刘庭长的帮忙。稽查局局长当机立断，委托我邀请刘庭长来稽查局讲依法行政课。我想这是件好事，对于刘庭长这样资深的行政法官，多年的经验积淀，给税务干部讲课再合适不过了。

刘庭长也没犹豫，在我转达意向后，满口就说有时间一定参加，希望可以提前通知，自己好有个准备。

稽查局的举报奖励案件经过庭审激烈辩论，一审、二审顺利结束。几个月后我想落实讲课的邀请，没想到稽查局局长要轮岗了，我问老局长什么时间安排培训，结果老局长给我"呵呵"。我问上一次同行的黄科长怎么办，黄科长说他只能给新领导提示提示。

眼看自己转达的邀请落空，我心里虽然惭愧和遗憾交织，但也只能无奈接受。我每次看到刘庭长，都不知道如何开口，不知道怎样告诉刘庭长培训被取消，或者直接就为自己的口无遮拦道个歉。又担心万一她花费许多时间准备培训讲座，那自己就更犯大错了。一拖几个月过去，我终于跟刘庭长讲这件事的时候，刘庭长笑着安慰我说，她当时点头答应但是回头就忘了，工作太忙，不去讲课更轻松。但是我自己的内心觉得办了个乌龙事，始终无法释怀，暗暗警告自己以后再也不要为了讨好法官，给这样的"好事"牵线搭桥。

法官需要衣食住行，也离不开尘世喧嚣。有段时间房产投资出现狂热，房价一天涨了几百一平方米，接着又传说政府要对投资交易限购。短时间内，房产办证大厅出现了排队交税、排队过户，队伍排出大厅门口的稀奇现象。沈法官家里房屋要赶在限购政策前过户，必须先去交税，而交税队伍这么长，她还要上班，急坏了。我看到沈法官的愁容满面，主动和房产交易大厅的办税干部联系，他利用午休时间给完成了交税事项，沈法官终于松了一口气。

行政机关有时会成为弱势的一方

一千个人眼中有一千个哈姆雷特，不同的法官对同一案件有不同的理解很正常。

行政庭法官岗位交流快，外部门来的法官对行政法，尤其是行政部门法不熟悉，经常会以民事、刑事审判经验来理解行政行为。主审法官为了提高审判质量，很期望能和熟悉行政法的律师交流，听取双方当事人的不同意见，加深自己对案件的了解。

但法官偶尔也遇到文化素质不高，不知道一些法定程序和专业术语的当事人，法官不但听不到法言法语，还要给他用通俗易懂的话，解释什么是举证责任、什么是诉讼请求、什么是回避等。我做人民陪审员庭审时，遇到过这样的原告：

审：原告，法庭纪律听清楚了吗？

原：请法官用方言复述一遍。

审：原告，申请回避吗？

原：什么是回避？

……

审：原告的诉讼请求、事实与理由是否与诉状一致？

原：什么是诉讼请求？

审：那原告，你的起诉状上是怎么写的？

原：起诉状是我儿子帮我写的。

……

而作为被告的行政部门，如果出庭代理人法律水平低下，唠唠叨叨不得要领，审案法官不耐烦听取他们的意见，也是常有的事。

在法官心中，公职律师能获得比行政部门的普通工作人员多得多的尊重，因为他们的学历、资历和法律知识摆在那。遇到个别法官不理解我们的专业工作特点，甚至不耐心听我们的解说，我会侧面提示下自己的学习和工作资历，大部分法官很容易接受权威的解说和上级法院的类似判例，都愿意听取比他们资深的专业人士意见。

涉及法律专业知识时，公职律师一味迎合并不能真正得到法官的尊重，直接对抗也不合适，"没有实力的愤怒毫无意义"，自身的业务能力才是获得他人尊重的根本。我力争让自己的应诉工作做到严谨细致，无可挑剔，对案件事实举证充分，对法律关系的分析深入浅出，让审判人员自然而然地接受我的观点。

公平和正义是大多数法律人的追求，但法律往往只有大框框，缺少细化的操作指南，许多案件找不到权威的解说和上级法院的类似判例。公职律师的作用就是要用各种方式，让法官明白公平和正义所在，在争议法律问题上各方形成共识，通过合法途径维护行政机关的权益。

如一偷税处罚行政诉讼案件，原告（被处罚人）在法庭上一再强调，自己在税务机关进点检查期间，已经补交税款，强调自己没有主观故意，对仍然被税务机关作偷税处罚不服。对税务机关进点检查期间补交税款能否作偷税处罚，税法并没有规定，法官有些把握不定。我在庭上一时解释不清，就急中生智，举纪委立案检查后，受贿人退赃仍然不影响犯罪构成的例子，法官一联想马上就认可了。

有些案件，看似原告有理，但由于法律证据不全，原告实在没办法胜诉。一位50岁左右的保安公司职员，状告他的公司违反劳动法，不付给他加班费，劳动行政部门不依法维护他的权益。法律程序需要他提供初步的证据证明他加过班，比如值班表、工作笔记等。但这些，他都没有。又高又壮的保安，穿着一身淡蓝色敞口工作服，手上缠着毛巾，在法院门口大叫："你们都是官官相护，不为百姓主持公道……"这引起了不少人围观。

有的法官碰到这种会闹事的，出于维稳，减少信访考虑，会不讲法律原则，要行政机关吃点亏，让原告少些不满。和一些人想象的不一样，行政机关这时成了弱势一方。对于这种情况，我会绵里藏针地表达出我们坚持法律、无法退让的坚定决心，甚至通过我的领导和法官沟通，争取最后的判决不出现偏差。

法官审案有自己的原则

在多数法官的心里，既有执法公正的信念，也有判决质量的考核压力，审案时个人感情并不占多大比例。哪怕私下和你是朋友，但是涉及具体案件时，法官仍有自己的原则。

我在做人民陪审员的同时，仍是行政机关的法制工作人员。有一天晚上，我正在整理第二天代理出庭应诉的材料，就在打算合卷休息的时候，一个电话的突然而至打乱了我的全部计划。电话是刘庭长打来的。

电话里刘庭长是严肃的，也是强势的。她建议我明天不要作为代理人出庭应诉，因为我以往的人民陪审员身份，会让原告产生法官和我关系亲近而影响庭审公正性的错觉。同时她也表示了歉意，毕竟她的想法太突然，晚上才觉得这件事需要另外处理。

我看着已经整理好的厚厚一沓应诉材料，愣了一下，答复说，临时换代理人有太多的难处，会影响这个案子的成败。同时我也向刘庭长条分缕析地阐明了我的观点，首先从法律层面，我不是本案的人民陪审员，被告代理人需要回避庭审这件事是没有任何制度明确规定的，我是依法代理，不需要惧怕原告任何形式的曲解和质疑，所以不必担心有人拿我的人民陪审员身份做文章。其次，我们对彼此的职业操守都是了解也是认可的，作为一名法律工作者，我并不期望以投机取巧的方式亵渎法律尊严，而从刘庭长此刻要求我回避这件事便可见公正无私，因此刘庭长不用多虑，可以秉持着一向的公正立场，完成自己的使命，即使有人说三道四，我们的所作所为也是问心无愧的。所以，这一次，我希望仍然出庭。

刘庭长听完我的话，沉默了。她用沉默表示对我的理解，也用沉默表示自己的坚持。

过了一会儿，我理解了刘庭长的担心和难处，我给我的领导打了电话，告诉他这个突发事件，并马上安排其他公职律师临时替补。

第二天，临时代理人出庭，案件并没有发生大的波澜。我和刘庭长还是和以前一样关系挺好，但是为了以后出庭代理方便，我辞去了人民陪审员职务。我内心觉得女庭长太谨慎了，明白刘庭长并不会因为我的友情给我加分，但转念一想，这么谨慎的法官，办案时会很认真遵从法律，我大可放心她的公正。有这样的法官主持法庭，我们公职律师要做的就是要坚持法律，阐述事实，用证据说话。

100％胜诉率的背后

公职律师的工作主要有以下三方面的内容：

一是担任政府法律顾问，参与立法和政府决策；参加领导层会议；草拟重要文件和合同；对决策和计划的合法性进行论证。

二是处理日常法律事务，提供法律咨询；对行政行为进行调查研究，协调政府各部门关系，对公务员进行法律教育。

三是办理与国家事务和政府行政管理活动有关的诉讼事务，即作为办理涉及政府利益的案件的政府代理人。如在民事案件中维护国家经济利益；代理政府进行行政诉讼。

公职律师参与最多，直接发挥作用的还是第三方面工作——办理与政府行政管理活动有关的复议诉讼事务。因为复议诉讼事务是行政复议法、行政诉讼法规定政府必须面对的外部压力，最需要体现公职律师的业务能力。而另两方面工作主要是政府的内部活动，依靠的是法治自觉意识，成效体现也较为漫长。

100％胜诉率，有点像奇迹。

但担任税务公职律师十年，走过了3600多个日日夜夜，我和我的公职律师团队做到了。

期间遇到了行政处理处罚、登记注销、举报奖励、行政不作为、政府采购、国家赔偿、信息公开、房屋产权等各类大大小小、简单复杂的案件。令人欣慰的是，我们通过事前严格审查行政行为，事中积极沟通、自我纠正，化解了许多潜在的法律风险；对当事人不满政府已作出的行政行为，事后坚持走法律途径的案件中，没有一起行政复议和应诉案件被撤销或改变具体行政行为，复议应诉案件均为我方胜诉，胜诉率达100%。

这样的成绩，有偶然性，也有必然性。偶然性是我们的运气比较好，必然性是我们所在的政府部门的依法行政意识比较强，又充分发挥了公职律师的优势。

大家往往关注法庭上辩论的精彩，法庭辩论有它的艺术和技巧，能够在关键时刻临门一脚，使80%胜诉可能的案件变为100%。

但"台上一分钟，台下十年功"，庭上胜诉的关键是庭下的前期行政行为质量，前期行政行为决定了80%的胜诉可能。每一个案件，都是所有参与行政行为人的合力结果，作为诉讼代理人出庭时的公职律师，前期的大量应对准备工作已经完成，相当于饭已做好，剩下的是端菜动作。公职律师运用自己的法律知识和应诉能力，将众人合力结果最终呈现到台上。

所以，胜诉不仅是公职律师的功劳，也是大家的功劳。

以我个人十多年的体验感受，提高胜诉率的关键，是提高前期行政行为的质量。我担任公职律师后，内心深知自己只是依法行政工作中的一员，政府行政行为不出差错，尤其是行政复议和应诉不出差错，靠运气，更靠大家，如果前期具体行政行为有重大错误，后期不是公职律师所能弥补的。

公职律师的职责不仅是应对复议和诉讼，还要维护行政机关的良好形象，更重要的是发挥自己政府机关内部人的优势，前移"合法性审查"关口，查漏补缺，防范法律风险于未然。

领导对我比较重视，让我在税务法制部门兼了行政职务。我运用公职律师在体制内的优势，也依靠自身行政职务的优势，采用三个办法来提高前期政府行政行为的质量。

第一个办法是，明确行政行为的责任部门，谁生的孩子谁抱走。

在应对诉讼案件时，曾有作出具体行政行为的部门负责人和我说："大律师，你代替我出庭好了，法律我不熟悉，坐被告席我会紧张的。"我很理解他的想法，具体行政行为出现被复议和诉讼情况，我会全力应对。但我仍然要求他和我一起坐在被告席上，后来庭审中，坐在我旁边的他认真听讲，没有发言。

但他的出庭并非没有意义，作出具体行政行为的部门，应对自己的行为负责。即使法庭胜诉的案件，也不等于原行政行为没有瑕疵。出庭会让原行政行为部门，在原告的质疑声中，接受法律的审查，明白原行政行为哪怕胜诉，也有需要改进之处。

正是出于这种考虑，为了提高业务部门的法制意识，我们通过内部制度，明确出现法律争议时，先由各部门提交引起复议和诉讼的具体行政行为的证据、依据，并先草拟书面答复；需要出庭应诉的，公职律师出庭代理的同时，作出该具体行政行为的部门负责人也要作为该行政诉讼代理人出庭应诉。

业务部门在法律方面不专业，我对业务部门提交的答辩文书进行修改和出庭应诉指导，往往比自己直接起草更辛苦。但这样做能增加业务部门的主体意识，增加他们的法律体验，让他们形成规避法律风险的观念。我不能图省事，省略责任部门这道重要的环节，为以后留下隐患。

第二个办法是，加强内部工作制度建设和业务指导。

除了上级文件，每个单位都有一系列的内部工作制度，但他们的重点往往在于职责、廉政、效能。作为公职律师，单位内翻滚摸爬十多年，我能够了解本部门工作特点和内部情况，知道堡垒中的最薄弱点。多数执法风险情况，可以通过规范性文件管理和内部工作制度建设，防患于未然。如设置行政处罚的规范程序和法律文书格式，制定政府信息依申请公开操作规程。

遇到特殊的难题，我可以通过公职律师门诊，进行个案指导，甚至到区、县现场处理。像 T 县春江公司偷税案、萧山税务的朱淑真行政不作为案等，我都自己到区、县，和作出具体行政行为的单位一起应对。为了增强大家的法律意识，我收集执法过程中容易出现的问题和遇到的各类难题，每年就执法风险防范、自由裁量规则、说理性处罚文书等内容到一线巡回讲课。

第三个办法是，参与政府内部决策，前移法律审查环节。

作为"信"得过的内部人，我有机会直接参与政府的部分内部决策，用法律人的眼光，发表自己的意见。如重大、疑难税务案件都要通过重大案件审理委员会审理，我作为其中的成员，积极参与讨论，对运用法律把关。重大案件审理委员会的许多故事，我不在此详述。应该说，我接触到的领导，都很尊重法律，也愿意听取我的意见。

我更多的是间接地影响政府内部决策，作为系统内知名的公职律师，每天有同事和下属单位，甚至外省市兄弟部门，来问询我对某个行政行为的意见。虽然这种问询往往属于非正式途径，为了避免忌讳和麻烦，我也不会要求问询人提供对象的名称和具体细节。我像"12366"语音服务平台，只是有"问"才答，但这种咨询答复方式，也能影响他们的决策，前移"合法性审查"。

通过参与行政复议工作，借助复议机关的受理权、决定权，我对下级单位被复议的行政行为发挥影响，并举一反三，把影响扩展到其他未被复议的行政行为。在复议过程中，让被复议单位提前意识到自身不足，及时化解法律风险。合法的行为予以维持，有瑕疵的可以责令改正，也可以让其用和解、沟通的方式自行纠正。

一个成功的公职律师，最大的能耐不在于在法庭上咄咄逼人，不在于打赢多少官司，而在于推进依法行政，维护社会正义。

当你能坚持自己的操守，为政府的守法，为社会的公平、正义作出一份贡献时，相信终会得到多数人的尊重，也可以有一份职业的骄傲。

公职律师的工作，直接为政府服务，间接为守法公民服务，最终是为法律说话。

政府行政管理是社会不可或缺的工作。有公职律师参与，才能有懂法、守法的政府，才能最大限度地维护公民的合法权益。

法律公告

公职律师，直接为政府服务，间接为守法公民服务，最终是为法律说话。

公职律师

许多时候，政府管理社会，为公民服务，政府与公民的利益相一致。

也有的时候，政府与公民的利益并不完全一致，甚至发生冲突。

事实上，公民也是由许多个体组成，个体的差别非常大，不同个体的利益诉求也各不相同，相信大家看了我后面的故事会深有体会。

从事法律工作久了，觉得政府与公民的冲突，不能用概念化的标签，用情绪化的观点，简单认为政府对，或者公民对，而是应该具体问题具体分析，需要用社会的公平、正义，以及合法性来衡量和思考。

第 二 章

行政合法的独特要求

促进行政行为合法是公职律师最主要的职责。

与民事、刑事法律相比，行政执法及行政法制工作有其自身的许多特点，行政行为合法必须遵循行政法制的独特要求。从事行政法制工作十多年的我，体会尤其深刻。

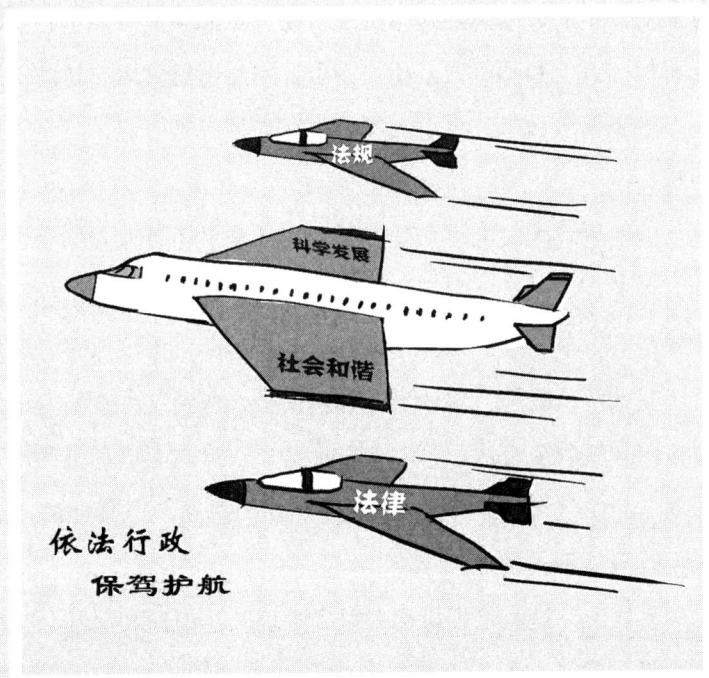

法规

科学发展

社会和谐

法律

依法行政

保驾护航

执法需要考虑人性

行政执法，应该严格依法。但依法不等于简单套用法条规定，如果只是死记硬背计算机比人做得更好。执法者是人，被执法对象也是人或人控制的单位，执法时除了依据法条，还需要考虑立法的本意，法条背后的人性。

有些表面类似的行为，违反了相同的法条，但产生行为的主观因素可能相差很大。

群众夜校是家知名的教育培训机构，现在升学的竞争压力非常大，父母们对孩子的成绩关心得不得了，在孩子的课业方面也特别愿意掏钱。这家机构的设施和师资力量相对完善，因此生意火爆。坊间的口口相传使得更多家长慕名而来。名声大了，盈利也越来越可观，甚至办起了许多连锁机构。

但发展壮大后的群众夜校财务管理水平还是原先的个体户水平。多年前，税务部门到这家教育培训机构检查，税务人员向培训机构的工作人员索要他们以往年度的账簿、凭证。然而培训机构没保管好账簿、凭证，忐忑不安地承认账簿、凭证不小心遗失了。遇到这种情况，税务人员虽然可以按照《税收征管法》第六十条规定，认定这家培训机构未按照规定保管账簿、记账凭证，对他们处以 2000 元的罚款。但其他的违法事实因为无账可查只好不了了之。

事实上，这家培训机构的财务管理确实模糊和混乱，这次的意外遗失反而像是给了他们一个掩护，少了许多麻烦。2000 元的处罚对他们来说几乎算不上什么损失，更重要的是让他们发现了这是个可以"作文章"的地方。

查账事件之后，这家培训机构的生意依然很不错，而财务管理更加混乱。后来，税务部门再次登门查账，他们便参考上次的情况依葫芦画瓢，称这次账本放在仓库里，不知道被谁拿走了。税务部门无从查证，但也无法驳斥。最终也只能依照上次同样的规定来处罚这家培训机构。

而另一家商贸公司账簿、凭证消失的情况截然不同。这家商贸公司的办公地点位于一幢写字楼内，同一幢楼里还有许多其他公司。商贸公司租下了整整一层，为了保管好财务资料，专门在里面隔出一小间放了几个铁皮柜，存放账簿、记账凭证和有关资料，并由专人管理钥匙。公司一直踏踏实实地运行着，收益也不错。

然而，天有不测风云，在秋天的一个晚上，这幢写字楼里租在楼下的另一家公司违规用电，疏忽之下引起了一场火灾。这场火灾被发现后，消防人员赶过来花了几小时把大火扑灭了，所幸火灾发生在晚上，大楼里没什么办公人员，没有人员伤亡；但也因为在晚上，许多物品没人抢运，物资损失特别大。商贸公司不幸就位于起火的楼层上面，因此办公桌椅和许多文件都被大火吞噬了，公司一直以来小心保管的账本和凭证也全部付之一炬。

公司遇到这样的突发情况，尽管万般无奈，但还是着手开始了后续的补救工作。"我们的账本都被烧掉了，那以后公司财务怎么核算？税务方面会不会处罚？"财务经理忧心忡忡地考虑起这个问题。"这场火灾我们也没办法预料呀，摊上这种事情只能算我们倒霉。哎，我去问问消防部门，能不能确认了火灾情况之后，给我们打个什么证明的。"

消防部门对于他们这种飞来横祸也十分同情，积极配合他们，为他们开了火灾证明，以说明这场火灾该公司财物受到重大损失，火灾原因是另一家公司引起的，与这家商贸公司无关。

这家商贸公司到税务局报告账簿、凭证消失，税务局刚开始也怀疑他们陈述的真实性，但当他们出示了消防部门的火灾证明后，完全相信了。但税务局为难的是，怎么处理这一账簿、凭证灭失问题？

两家单位，同样是纳税人保管的账簿、凭证消失，表面上看都有违反《税收征管法》第六十条的嫌疑，实际上一家是性质恶劣的行为，一家是意外因素。

然而，《税收征管法》有关行政处罚的法条，往往简明扼要，并没有对违法行为的主观因素进行分类区分。

违法行为可能存在多种心理状态——故意、过失甚至意外。表征类似的违法行为，是否根据不同主观因素区别对待，通俗地说，执法是否需要考虑人性，成为我们行政执法人员面临的重大抉择。

行政机关行政处罚时，是否应该考虑行为人的主观因素，有两种相互对立的观点：

一是"否定说"。 否定将主观过错作为处罚要件，认为不需探究行为人主观心理，只要在客观上有违法行为即可处罚。其理由主要是从法律规定来看，《行政处罚法》和相关行政法规仅仅规定，对违反行政管理秩序的行为应当处罚，但没有强调主观过错的内容。

"否定说"强调执法和司法效率。认为行政处罚相对较轻，对被处罚人影响不会很大，因此可以不考虑其主观过错。另外，行政案件数量众多，如果要求确认主观过错，势必影响行政处罚的效率。

二是"肯定说"。 认为主观过错为行政责任的构成要件。该观点的理论基础来源于一些教科书，主张行政违法构成要件"三要件说"：即行为人具有相关的法定义务、行为人有不履行法定义务的行为、这种行为是出于行为人的过错。

"肯定说"重视对行为人的保护，认为行政违法行为存在主观过错才可以处罚。

这两种学说指导行政执法时，都有不足之处，"否定说"以客观行为归责，当行为人没有过错时，如果法律仍然要进行处罚，这既不公平，也没有任何教育意义。"肯定说"强调行政违法行为存在主观过错才可以处罚，但无法解决行政机关和司法机关对行为人主观故意的举证难问题。如实践中，在查处偷税案件时，有些行为人借口"不懂政策"来否定自己的主观故意，若要求税务机关收集主观故意的证据，必将使大量的少缴税款行为因为证据不足而逃避法律的制裁。

作为公职律师的我，苦于找不到妥善应对行政处罚时主观因素问题的途径，在指导行政执法过程中，常常时而"肯定说"，时而"否定说"。直到有一天，在学习中国台湾地区税法理论时，看到"推定说"理论，突然豁然开朗。

"推定说"首先认为"行政责任以主观过错为责任要件"，但实行过错推定，即只要行为人客观上存在法律所禁止的行为，则推定其主观上具有过错，并据以实施处罚。"推定说"不否认行政违法行为必须有主观过错，但实行过错推定，对客观上存在法律规定的行政违法行为时，将探究过错的举证责任归于行政相对人，要求行为人证明自己没有主观过错，否则可以从行为本身推定行为人的主观过错。

"推定说"为一种平衡"肯定说"、"否定说"的方法，虽然某些情况下行政相对人举证难度也很大，但较之无过错归责原则，这至少给行为人免责的机会，同时解决了"过错责任归责原则"下行政机关的举证困难，有助于权力与权利的平衡。

在我接受"推定说"理论不久，就遇到一起特殊案件。

杨董事长是通过股权转让，取得公司多数股份，并成为公司新的董事长的。负责公司财务的周经理对财务业务也不是很熟悉，但因为是已离职董事长的好朋友，已离职董事长对他信得过，所以一直由他担任财务经理。杨董事长新上任，对公司人事大刀阔斧地改革，引进专业技术人才，也引进自己信得过的人员。公司中盛传财务周经理即将被炒鱿鱼。

杨董事长和财务周经理都属于脾气火爆的男人，在公司的日常事务中，常常有一些不同的见解，曾经有过一些小摩擦，现在关系愈加微妙。公司准备签一大单新生意，但是客户给出的要求有些苛刻，所以谈判有些艰难。公司高层很关注这宗生意，因为客户有点来头，签得下这一单的话，可为今后长期合作奠定基础。杨董事长甚至松口说可以放宽本公司方面的条件，但这一决定遭到了周经理的反对。他算了一笔账，义正词严地表明原本满足客户的条件就已经很勉强，如果这时候企业还退一步，那就可能面临亏损的风险了，宁愿放弃这一单也不要作出让步。他和董事长因为思想的分歧，发生争吵。

"这种活要是接了，造成公司的损失我们一下子承担不起！"财务经理怒道。

"你根本不明白这单主顾的重要性，鼠目寸光！"董事长报以轻蔑的表情。

"是啊，事成了名声是你的，要是亏大了，员工的死活你会管?!"财务经理厉声反驳着。

在企业又一次谈判失败后，两人因为这单生意的问题，情绪激动地大吵了一架。"如果你始终执意和我对着干的话，在这里你也别想久待了。"

董事长最后撂下一句话便扬长而去。

财务经理听闻这句话，心中一下便赌起了一口恶气："既然你都以罢职相威胁了，那我就也不让你好过。"一时怒火攻心也顾不上什么理智，把自己管着的公司的账本一捞，直接抱回家去藏着，也不来上班了。公司的纳税申报也因此无法正常进行了。

直到税务部门来通知公司，要对公司不进行纳税申报行为进行处罚，大家才知道财务经理暗自前往税务局举报公司不进行纳税申报。公司立即向税务部门报告了事件的始末，税务机关对此事该如何处理也十分苦恼……

从公司不进行纳税申报行为表征上看，显然税务机关应该按照《税收

征管法》第六十四条规定对该公司的不申报行为进行处罚。但仔细分析，公司无法正常申报，显然不是公司法人的本意，而是公司内部员工的不服管理行为。税务机关如果对此不申报行为处罚公司，可能会造成肇事者开心，无辜者受罚。但税务机关如果不进行处罚，理由何在？

其实，只要引用主观过错的"推定说"，难题就能迎刃而解。我们对违法行为实行过错推定，对客观上发现存在法律规定的不进行纳税申报违法行为时，只要行为人不能证明自己没有主观过错，就可以从行为本身推定行为人有主观过错并进行处罚。而本案的公司，可以通过提供公司无法正常申报，非公司法人本意的证据，来证明自己没有主观过错，避免税务机关的处罚。

实行违法行为主观过错"推定说"，在实践中应该注意：

1. 对于一般行政违法行为（无与之衔接的犯罪形态），应规定以"过失"为责任要件，采用"过失推定"，即只要有行政法禁止的行为存在，首先推定其有过失，但允许行为人反驳，当行为人能证明自己无过错，或者存在行为人无过错的证据，则不予以行政处罚。

2. 对于刑法有对应犯罪相衔接的严重违法行为，参照刑法规定，以"故意"为责任要件，采取"推定故意"，但应采取法定推定，明确推定的法定条件，并允许行为人举证反驳。

一事不能再罚

大家对行政执法中的一事再罚现象深恶痛绝，我对一事再罚的恶果也有切身的感受。

记得很多年前曾经有一次，我出差到西北地区一个小县城。那天正好不巧，我患上了感冒，一整天都咳个不停。好不容易熬到办完事，我赶忙收拾东西，准备回宾馆好好睡一觉。

办事的地方离宾馆不远，穿过一个公园再沿着马路走一会儿就到宾馆了。步行到公园广场边上时，冷风吹得我直咳嗽，喉咙里也堵得难受，咳出了一大口痰，包里没准备纸巾，该怎么办呢？没办法，紧急情况嘛，只好不道德一次了。于是我眼看四下无人就快速地吐到了旁边的草丛里。然后当作什么也没发生，慌忙快步走了过去。

可没想到，正当我准备快步走过草丛时，后面有人叫住了我："你站住！"没等我反应过来，一个戴着红袖章的大妈气喘吁吁地跑了过来拦住了我："跑什么跑？刚刚是你吐的痰吧！知不知道这里是公共场所不能随地吐痰的？年纪轻轻的，怎么一点素质也没有！罚款50！"

"50？这么多！"我惊讶地看了看她的红袖章，有点迟疑。估计大妈看出了我的疑惑，理直气壮地扯了扯手臂上的红袖章："看啥看，我是城管的协管员！没看到这红袖章？我不会无缘无故罚你的，快交罚款！"毕竟是我有错在先，罚款也是情理之中，就没多说什么掏出钱包交了罚款。大妈拿了钱开了张收据递给我说："这才对，以后别再犯了啊！"说完眯着眼走了。

我叹了口气，灰溜溜地往宾馆走。可没走几步，居然又有一个戴着公园管理员袖章的大爷拦住了我！而且一张口就向我讨要罚款："我是公园的管理员，你刚刚吐痰，罚款20！"什么？我刚刚明明交过了怎么又来？"刚刚那个戴红袖章的大妈收过我罚款了啊！怎么还收？"我一脸惊讶。"她不是我们公园里的，她收不收我管不着，反正你吐痰破坏公园卫生，被我看到了，就是要罚款。"

就吐了一次痰，却要被罚款两次！这叫什么道理？可眼下，我不交罚款大爷就拉着我不让我走，一副不收到罚款誓不罢休的架势，着实让我无可奈何。没办法，我感冒就想回宾馆好好休息，只能息事宁人交了罚款。大爷拿到了钱终于不再和我纠缠，爽快地走开了。

法律设置"一事不再罚"原则，其目的就是为了保护行政相对人的权利，《行政处罚法》第二十四条规定，一个违法行为不得给予两次以上罚款的行政处罚，是一事不再罚的法律依据。将其通俗化来表述，便是犯错一次就只能、只需承担一次行政处罚。

但一事不再罚说容易，做却不容易。由于《行政处罚法》除了第二十四条外，没有针对一事不再罚更具体明确的规定，何为"一事不再罚"原则中的"一事"，很难准确把握，实践中很容易引起争议。

马洋原是个好厨师，在靠近大学门口的餐饮一条街上开了家小酒店，这条街上学生、老师、附近的居民人来人往，马洋给小酒店取名"宴宾楼"，期望它招揽四方宾朋，宴请八方来客，生意做得红红火火。马洋的厨艺好，"宴宾楼"的内部设施也挺不错，主打普通消费群中的高端生意。以前马洋开快餐店时，聘用的财务私吞公款事件让他心有余悸，于是这次"宴宾楼"的财务管理他便不再让外人插手，就由会计出身的老婆和自己全权负责。

大学门口的餐饮，人气很旺，马洋看着自己一手经营起来的酒店现在生意这么好，自然也十分开心。但学生、老师不但喜欢美食，还要求物美价廉。提供美食马洋很有信心，价廉确实不容易，马洋的"宴宾楼"和旁边的几家酒楼，为了招徕客人，陷入了激烈的价格战。

眼看暑假就快要到了，这是大学门口餐饮的传统淡季。营业结束后的深夜，马洋老婆照常在算着酒店的账，算着算着，不禁咕哝道："哎，这税务局真是只吃肉不眨眼的大老虎，每次都要交掉这么一大笔税款，真肉痛啊！"马洋听到了，走过来看了看账单，摇了摇头，叹了口气。虽然"宴宾楼"的客流量不少，甚至营业额最近还有了小幅增长，但只是薄利多销，每个月的税收却持续增长，在总支出里占了好一部分。

和邻近酒楼的价格战已经把利润减少了很多，暑假淡季还有什么新招？也许是印证了那句"无商不奸"，马洋突然有了偷税漏税的想法。这个念头刚冒出来时，自己也被吓了一跳，可这想法一旦出了芽，便再也抑制不住。盘算了好几天，马洋终于决定把这个想法付诸行动，于是就对老婆说："你说，咱们用收款收据代替发票，那么餐饮收入便不再入账，这样不就能少交很多税了么！"

"亏你想得出！这样是违法的啊，要是被抓到了，税务局非得处罚你不可！"会计出身的老婆当然知道这是偷税的行为，不符合法律规定，一旦被查处到肯定是要承担法律责任的，于是对此很是担心。

但马洋似乎已经打定了主意，安慰道："这事除了你知我知，就再没第三人知道了。反正管账的就我们俩，咱们做事小心谨慎些，不被抓到不就没事儿了。"马洋的一番话，让老婆也动摇了。禁不住马洋的再三劝说，最后马洋老婆还是同意了这样的做法。

可是好景不长，马洋用收款收据代替餐饮发票的事情才干了两个多月，税务局就上门查处了。原来作为竞争对手的邻近酒楼老板，偶然从顾客那里得知"宴宾楼"里有了打折新举措，只要结账时不开发票就能打9.5折，明眼人都能看出来，这样的优惠行为很明显就是为偷税漏税而铺垫的。作为"宴宾楼"的竞争对手，看着他们生意一天比一天好，自己的生意反而冷清起来，酒楼老板当然气不过，于是就匿名向税务局检举揭发，举报"宴宾楼"不开发票，很可能有偷税漏税行为。

税务局的快速行动让马洋等人措手不及，甚至让检举揭发的隔壁酒楼老板都未曾料到，这次税务局的检查一举查出了"宴宾楼"酒店用收款收据开具餐饮收入76份，共计不入账金额八万多元。

若要人不知，除非己莫为。马洋看着税务局扣押了他一张张的不入账收款收据，面如死灰。不知道，等待他的是怎样的命运。

税务局逮住了一条"鱼"，接着就是考虑如何处罚。税务干部脑海中早已有了"一事不再罚"观念，但就"宴宾楼"开具收款收据，餐饮收入不入账的行为属于法律上规定的一事，还是二事，按税收法律的哪一条款处罚，内部讨论时，出现了三种观点：

第一种观点，认为开具收款收据，餐饮收入不入账的行为属偷税行为，主张根据《税收征收管理法》第六十三条规定，按偷税处罚。

第二种观点，主张根据《发票管理办法》第三十六条规定，对未按规定开具发票的违法行为罚款。

第三种观点，认为未按规定开具发票和收入不入账是不同的行为，对偷税和未按规定开具发票的违法行为分别处罚。

哪种观点正确？这就涉及何为"一事不再罚"原则中的"一事"。办案人员争议不下，稽查局案审科长向我咨询。

我翻了一下行政法理论书，发现学术界也不统一。区分一事，还是多事，目前学术界有三种观点：

1. 法律规范说，主张一违法行为是指当事人实施了违反一个法律规范的行为。

2. 违法事实说，主张一违法行为是指一个违法事实，按违法事实的个数处罚，而不是按违反法律规范或违反行政管理关系的数量计算。

3. 构成要件说，主张处罚违法行为时，要综合考虑被处罚人行为特征、主观目的、最终结果和法律规定，只有符合行政违法行为的构成要件，才在法律上构成了一个违法行为。

不同观点，会得出不同结论。

"法律规范说"会造成法条竞合引起的重复处罚。所谓的法条竞合，是指由于各种法律、法规的复杂交错规定，致使行为人的一个行为同时触犯了数个法律、法规条文。按"法律规范说"会出现同一违法多次被处罚的现象。如吐一口痰，可能分别被城管的大妈和管理公园卫生的大爷罚两次。

"违法事实说"主张按违法事实的个数处罚。如"宴宾楼"酒店长期不按《发票管理办法》的规定开具发票，至少用收款收据开具餐饮收入76份，按"违法事实说"理论，每一次不按规定开具发票的行为均可构成一个独立的违法行为，税务机关要对不按规定开具发票的行为进行76次处罚，显然不合情理。实践中，"违法事实说"难于操作，无法解释连续违法按"一事"处罚的原因，对同种类违法，行政机关仍按"一事"处罚，而不是以同类多事分别处罚。

我认为要综合考虑被处罚人行为特征、主观目的、最终结果和法律规定，只有符合行政违法行为的构成要件，才在法律上构成了一个违法行为。"构成要件说"最合理。

在马洋"宴宾楼"的案子中，由于纳税人的一系列行为只有一个目的，少缴税款。违反发票管理规定与偷税分别是手段行为和目的行为，它们之间密不可分，就像为偷窃非法进入他人住宅与偷窃一样，前行为是后行为的必经阶段，后行为是前行为的自然结果，不应该分开处罚，而是按照牵连违法行为及"牵连原则"从一重处罚，即按照处罚最重的法律处罚。由于其行为所导致的最终后果就是偷税，偷税行为的处罚又较发票违法重，因此对其偷税行为给予较重的处罚就可以实现设置该处罚的目的，没有必要把纳税人的行为分为两个行为，分别给予罚款的行政处罚。

最终，大家都认同我的观点。在司法实践中，法院也通常采取"构成要件说"判断"一事"，许多税务机关处罚败诉的原因就是因为没有严格遵守"一事不再罚"原则。

自由裁量权是把双刃剑

行政执法行为大多由行政机关主动发起，行政机关掌握有一定的自由裁量权。

现在很多人都批评行政机关自由裁量权过大，甚至有专家和领导主张限制自由裁量权，并有把限制自由裁量权推广为一场"政治运动"的趋势。其实自由裁量权本是法律授予的，它是把双刃剑，限制自由裁量权有好处，也有坏处。好处是可以避免行政机关滥用权力，坏处是行政机关无法对某些特殊情形作出适当反应。

杭州河坊街一带，地处吴山脚下，整条街保留了古街的大概样貌，在老城区中也有一番别致的风味。这条街上商铺林立，有传统特产店、百年药铺、小吃摊之类，市井文化的气息十分浓厚。外地游客游了西湖后，很喜欢到河坊街逛街吃饭。

商家多了，为了多赚些利润，有些老板心中自然也打起了小算盘。河坊街上就有家生意不错的酒楼，小有名气，平时人来人往，客流量非常可观。但时间一长，陆陆续续好几次有消费者发现，这家酒楼时不时会用收款收据代替发票。这些消费者大多是外地游客，回去后拿收款收据去报销时被告知收据不能报销，但人已在外地，只能通过电话投诉这家酒楼。税务局早先便曾听闻过这家酒楼的情况，但每每调查起来，还是难以抓他们个正着。

后来税务局又接到了一起针对这家酒楼的举报，内容与之前大同小异，但不同的是举报人还在杭州，并提供了酒楼的收款收据。由于这家酒楼有"前科"在先，且如果不能早日将未按规定开具发票的行为绳之以法，大到对国家税收，小到对周边商户，都有非常恶劣的影响。因此税务局对这次举报很重视，派了七八人突然检查了这家酒楼。

这次行动收获颇丰——行动小组在酒楼财务办公室出纳的抽屉里，查获了一本几十张未使用的收款收据，与举报者提供的收款收据进行对比后，认定来源一致。

"你们酒楼是不是经常使用这样的收款收据？"税务局的检查人员出示了举报中附着的收款收据责问酒楼老板道。

"没有，我们平时不开的。"老板故作镇定，矢口否认。

税务局的人见他依旧辩解要赖，便提及了之前举报过情况的消费者："有些消费者之前就向我们反映过情况，说你们酒楼私开收款收据欺骗消费者。未按规定开具发票是严重违法行为，你们知不知道？"

老板却并未在这一番责问下老实承认自己经常开收款收据，反而一口咬定他们之前并没有这么做过："我们酒楼从来没有开过收款收据，就这次开了这么一张。"

税务局的人反问道："那这本收款收据哪里来的，你们又怎么解释？"

"这是我们的出纳遗留在这儿的，具体情况啊，他干了什么，我也根本不知情。"老板一股脑儿便将责任推到了出纳身上。

酒楼老板的死不承认让税务人员不由得头疼。他们耐着性子一句句追问下去："那出纳现在在哪里？"

老板回道："出纳他啊，上个月说要回老家了，就把这边的工作辞掉了，现在我们也不知道他在哪里。"

"那联系方式总有吧？能不能联系上那个出纳问清楚情况？"

"之前他留给我们的联系方式是他在这边用的手机号和租的房子的座

机，现在他回去了，本地的手机号也不用了，房子也退租了，他老家地址我们也不知道啊。"老板头头是道地说着，摊开双手，一脸"不知道就是不知道"的要赖样。这让税务人员一下犯了难。

"我知道我们这次开收款收据是不对的，那要罚的话，我们也认罚，下次改正。"酒楼老板见税务人员一时语塞，又厚脸皮地加了一句。

听闻此语，在场的税务人员都有些惊讶。而当他们真的思量起处罚额度时，忽然感受到了酒楼老板这句话里对自由裁量权规则的"研究"……

《发票管理办法》第三十五条规定，应当开具而未开具发票的，税务机关可以处一万元以下的罚款。按说，这酒楼性质也挺恶劣，虽然老板只承认开过一张收款收据，但其出纳的抽屉里查获了一本未使用的收款收据，结合以前顾客的电话举报，税务机关可以给其处一万元以下，比如七千到八千的罚款，以给违法者以警示。

但内部限制自由裁量权后，专门制定了细化量罚的制度。将未按规定开具发票以 500 元作为处罚基数，每多一次同类行为则加处罚 50 元，累计罚款的上限为法律规定的一万元。也就是说，在此案中，税务局有充分证据证明这家酒楼违法行为的只有一张收款收据，按照限制后的自由裁量权来说，只能处以 500 元的罚款。坚决不承认的酒楼老板可以获得轻罚。

500 元的罚款对比酒楼牟取的非法利益来说，就像是挠痒痒一般微不足道，起不到惩戒与警示的作用。没想到出动七八位税务干部的大行动，由于自由裁量权的限制，只能有这样落寞的结局。

缺乏自由裁量权，导致了酒楼老板规避法律从重处罚的机会，让人叹息"违法成本太低，执法成本太高"。

对自由裁量权限制得过细，还会让行政机关在诉讼中出现更多的争议，增加败诉的风险。"剪报举报师"颜先生依靠剪报纸的广告来举报他

人偷税（详细情节后文有述），没想到竟然还真的查出了一个大案子，因为补税数额较大，税务部门奖励了他 30597 元。根据《税务违法案件举报奖励办法》规定，举报者对于奖金的领取应按照其贡献的百分之五到百分之十，但不能超过十万元。给予他 30597 元也是符合《税务违法案件举报奖励办法》规定的，但颜先生就是不理解奖励了他 30597 元的零头 597 元是怎么计算出来的，连见多识广的法官也很好奇税务机关是怎么计算的。

其实，这是税务机关内部，为了限制发放奖金的自由裁量权，特意制定了明细的奖金计算表，设置了贡献巨大、贡献较大、贡献一般、贡献较小几个档次，每个档次都有一个计算公式，乘上查补税款数额，得出具体的奖金发放数。计算得出的数字很精确，但贡献巨大、贡献较大、贡献一般、贡献较小的标准很主观。法庭上，我作为税务部门的律师认为，颜先生做的事情只有一件，便是剪报纸寄给税务机关，举报成果仅仅是巧合，并无太大贡献。而颜先生几乎激动地从位置上站了起来。"我怎么会只是剪剪报纸，我的贡献很大！为了向你们税务机关提供可能偷税漏税的信息，我几乎是冒着生命危险在举报了。"

就贡献大小的问题，整场庭审双方的争论十分激烈，法官也十分为难。虽然法官最后采纳了税务部门的意见，但奖金发放本是自由裁量权，这场激烈的辩论也许可以避免的，完全是因为税务机关自我限制发放奖金的自由裁量权，特意制定明细的奖金计算表后惹出的麻烦。

举证责任难逃离

行政执法的特点之一，行政机关要对自己的行政行为合法性负举证责任。行政机关要证明自己的正确，只能用证据说话，有力的证据胜过苍白的雄辩。

五十多岁的个体工商户陈近洋，突然向市税务局提起行政复议，状告X区税务局和工商局，在其不知情的状况下，私自把他在白鹿市场的摊位注销，并过户给一名叫李光的人，并要求税务局和工商局赔偿他投资损失100万元。

接到陈近洋的复议申请后，我先向区税务局方面了解情况。区税务局立即查询注销手续中最重要的书面证据——《注销税务登记申请审批表》，发现表中申请栏有"陈近洋"三个字的签名，又问询经办注销手续的白鹿市场的税务管理员，可毕竟时间已经过去了好几个月，况且管理员天天都要经办好几起这样的手续，他记不清楚陈近洋注销手续的具体细节，但一口咬定陈近洋的注销手续是陈近洋本人亲自来办理的，不存在任何违法。于是区税务局的复议申请答复中，坚持陈近洋的注销手续是陈近洋本人亲自办理的，申请栏中的"陈近洋"三个字也是陈近洋亲自签的，区税务局不存在任何违法注销情形。

我还是不能仅听一面之词，因此我拿着区税务局的复议申请答复和《注销税务登记申请审批表》复印件找到了陈近洋，以税务局代理律师的身份询问情况，并当着他的面出示了该份审批表，想看看他作何反应。

可出人意料的是，陈近洋看见这份审批表，竟然露出了一脸的惊奇，声称上面的名字绝不是他签的，一定是他人冒签。甚至还拿出笔和纸，随手签了个自己的名字，拿到我眼前，指着签名说："你好好看看，这才是我的签名，和这上面的签字不一样的。这表格我见都没见过，怎么可能是我签的？肯定是谁背着我签的，现在反而死不承认，怎么好意思！"我听了他的话，接过那张纸，仔细对比了审批表和陈近洋刚写的签名，确实审批表上的字更工整一些，顿笔也有些不太一样。我在心里默默盘算，虽然陈近洋的话不一定让人信以为真，但是现在无法判定这签名到底是真是假，看来只好寻找其他途径的证据了。

我便对陈近洋说："我今天只是调查情况的，希望及时还原事实真相，别冤枉任何一方。放心，这件事我会查清楚的，谢谢你的配合。""那你快点查，我现在没了摊位，靠什么过活？你让区税务局早点把钱给我，不就完事儿了！"陈近洋不耐烦地说道。"赔偿是笔大数字，没有充足的证据，我们不能随便下结论，法院也难以判断谁是谁非。"我解释道："这份你的签名请留给我作为笔迹比对样本，我代表税务局向你的配合表示感谢，请你耐心等待结果吧。"陈近洋摆了摆手，表示同意。于是，我收起了那份签名和资料，带回税务局作下一步调查准备。

虽然我相信区税务局不会私自注销陈近洋的摊位，但区税务局提供的证据只有区区一张注销税务登记申请审批表上的签名，我对两份签名反复对比分析后也认为，两者确实有些不同。如果简单武断地认定签名是陈近洋亲笔所为，作出维持区税务局的复议决定，今后陈近洋不服向法院提起诉讼，万一法院当庭要求笔迹鉴定，若鉴定结果非陈近洋亲笔，那么税务局将面临严重的信用危机，甚至直接被判败诉。

可如今，有什么办法能找到证明税务局清白的证据呢？我不由得重新审视了该案件，找寻哪里有什么细节是自己遗漏的。终于，皇天不负有心人，正当我一筹莫展之时，我找到了新的突破口。当时陈近洋提起复议时，理由是区税务局和李光私下勾结，共同注销了他的摊位。我之前仅从陈近洋这一方面入手，作为对立的两方，很可能陈近洋故意隐瞒，而导致自己未能收集到有用的证据。换一个角度思考，既然陈近洋在复议中提到了李光，那么这位名叫李光的买主，也可能知道本案的内情。我按照此思路分析，通过区税务局，找到了李光的联系方式，约请他来我的办公室。

李光来到我办公室。首先我询问李光是否对陈近洋的情况有所了解。李光听我提起他，撇了撇嘴，小声对我低语："林律师啊，我跟你说，这个陈近洋可不是什么好角色！心眼儿多着呢！上次他来找我，明摆着想坑我一笔，我一直不同意，然后他也没强求，我还正纳闷着呢。前几天你打电话过来，我听你说他把区税务局给告了，心里顿时明白了点什么，原来他是想放长线钓大鱼呢！真够狠的啊！"我一听来了兴趣，赶忙问道："坑你？这是什么意思，能仔细说说不？"

于是，在李光的讲述下，我终于理清了本案的来龙去脉。原来50多岁的陈近洋原先是个小摊贩，做着些小本生意，在这个白鹿市场有个摊位，并以自己的名字注册了个体工商户的营业执照。陈近洋打听到最近批发市场摊位价格普遍上涨，于是他决定卖了摊位。遂以30万元的价格卖给了李光，陈、李两人一起去工商局和税务局注销了摊位的原税务登记和营业执照。

我听到这里，不禁更加疑惑：明明是陈近洋自愿提出卖掉摊位，为何要诬赖税务局呢？李光看出了我的心思，说道："林律师，你先别急着问，我还没讲完，等我讲完你就明白了。"

陈近洋这个人做了大半辈子的小生意，是爱斤斤计较、不能吃亏的人。不知他从哪里打探来的消息，市场里的摊位价格又涨了，隔壁的摊位卖了近40万。这下陈近洋有些心理不平衡了，对自己提早卖出摊位的行为后悔莫及，总觉得买家捡了个大便宜，自己应该讨要一笔补偿费才能咽下这口气。

因此陈近洋要求李光掏出5万的补偿费，以弥补他的损失。明明双方签了买卖协议并已付清款项，他再提出如此过分的要求，李光当然无法认同这样的说法。但让李光惊讶的是，陈近洋最后说："你今天让我吃了个大亏，下次你也会吃大亏的。"这番话李光有些摸不着头脑，捉摸不透陈近洋究竟有何用意，但过了几天也就忘了此事。

"林律师，直到你前几天打电话过来，我才想起之前这些事情，我把事情前后连起来，自己琢磨了一下，这下明白了：陈近洋一定是想通过先告区税务局、工商局违法注销他的税务登记和营业执照，胜诉后再要求注销我摊位新办的税务登记和营业执照，恢复他原先的税务登记和营业执照，然后再要挟我。你说是吧？"说完，李光看向我。

李光的一番话瞬间点醒了我！天哪，这个陈近洋也忒大胆了！真是赚钱想疯了！还真是世界之大，无奇不有。这种人还真是第一次见呐！正当我想得出神，李光又继续说："我感觉吧，这个陈近洋还有点心理问题……"

"心理问题？这又怎么说？"我回过神，继续专心听起来。

"当时我把摊位的钱都结清后，和陈近洋约好一起去办理注销和过户手续。可到了区税务局那边，先要陈近洋出示旧的证件，可他说旧证件被他弄丢了，找不到了。于是税务局人员就让他去市报上登一个遗失声明，说一定要这样做，是规定。没法子，我们两个只好又一起去了杭州日报社，那边的人说登个遗失证明要交600块钱的费用。陈近洋听了犹豫了会儿，看看我又看看自己，我知道他肯定是心疼这钱，但他不交钱我们这注销过户手续也办不成啊，最后他只好不情愿地交了。可是，你知道吗，就在我们走出报社大厅的时候，他居然狠狠地往大厅地上吐了口痰！然后我很奇怪啊，就问他干嘛这么做，他恶狠狠地说：'就他妈登个报，收了老子这么多钱！不吐口痰，不解气！'林律师，你说他这么做是不是心理问题啊……"我听了，啼笑皆非。正当我细细回想李光说的话时，猛地想起来，李光说是他和陈近洋一起去办的手续！那么李光一定知道更详细的情况！本案证据的关键点也就在于此。于是我急忙问李光："你刚刚说，办注销手续的时候你也在场，那么你看到陈近洋在一份叫作注销税务登记申请审批表上面签字了吗？"李光似乎若有所思："哦，那份表啊，就是白鹿市场的税务管理员让我们签字的对吧？"

"对对！你知道？"

"我想起来了，那份表还是我签的呢！"李光指了指自己，对我耸了耸肩。

"怎么是你签的？"我在惊讶的同时，更是吓出一身冷汗，要是真做笔迹鉴定，那我们岂不是输定了！

"当时是这样的，陈近洋说他没啥文化，自己的字写得丑，怕写不好看，就想让我代签。所以那上面是我签的字。但之前陈近洋给过我一份代理他去办理注销登记手续的授权委托书，这也是白鹿市场的经办人要求的，他说这样规范一点，能避免不必要的麻烦……"

"还能找到那份委托书吗？"我激动得心脏快要跳出来了，本案最关键的证据终于浮出水面。

"在家呢！你啥时候要啊？要不我明天带来，再来你这一趟？"

第二天，我成功拿到了当时陈近洋要求李光代办注销手续的委托书。

本案最为重要的证据拿到了，虽然审批表上的签字不是陈近洋亲笔，但是有了这份委托书，足以证明注销登记是陈近洋本人的意愿，他在诬告。

至此真相大白，我也理所应当地维持了区税务局的注销行政行为。

另有一件类似的注销登记案件，30多岁的林淑琴，曾是自家公司的法定代表人，几年前夫妻感情破裂，闹着离婚。可是，林淑琴离婚后傻了眼，不仅丈夫没了，自己名下的公司也没了！原来在打离婚官司时，前夫注销了她的公司。林淑琴十分愤怒，认为前夫私自注销公司，在没有她法定代表人本人亲自到场办理的情况下，J市税务局和工商局竟然没有严格审查就认可他人来办理注销手续，遂把税务局和工商局告上了法庭，并要求法院撤销税务局和工商局的作为。

从法律程序角度来看此案，如果不是法定代表人亲自来注销公司，只要没有相关的授权委托证明，那么税务局方面就违反了相关的法律规定，被告很有败诉的可能。J市税务局领导当然知道败诉的严重后果，办理注销手续的前台工作人员更是如热锅上的蚂蚁，翻箱倒柜地寻找当时办理注销手续时的一切资料，找遍文件袋就没发现授权委托书。

面对被动局面，税务局领导指定法规科科长带领几员大将再次翻箱倒柜，终于在一个抽屉里的一本《办税指南》书中，发现了薄薄的一张授权委托书，并且委托书上盖着该公司的公章。于是法庭上的案情发生了大逆转，林淑琴声称其前夫背着她注销公司，但授权委托书上鲜红的公章足以证明，公司的公章管理有问题，让不知情的税务局相信她丈夫是得到充分授权的。这在法律上符合"表见代理"的条件，发生"表见代理"，善意第三方不承担任何法律责任。也就是说，虽然委托书可能是在林淑琴不知情的情况下签发，但是该公司的公章，起到了对外代表公司法人意见的作用。所以税务局依靠关键证据，最终没有败诉。

程序到位很关键

很多行政行为的错误，不是适用法律和认定事实的错误，而是违反程序的错误。

曾经，沿街乱停车现象严重，交警为了提高效率，对于违法停放机动车行为，不管车主在不在场，直接在机动车玻璃上贴罚单。而罚单是一种行政处罚决定书，是记载当事人违法事实、处罚理由、依据和处罚决定等事项的具有法律强制力的书面法律文书。许多被处罚的车主，看到贴着的罚单，才知道已经被处罚。

《行政处罚法》明确规定："行政机关在作出行政处罚决定之前，应当告知当事人作出行政处罚决定的事实、理由及依据，并告知当事人依法享有的权利，当事人有权进行陈述和申辩。不遵守法定程序的，行政处罚无效。"直接贴罚单就剥夺了当事人相应权利，这在本质上是程序违法的执法行为。

一位新闻工作者，在被交警贴罚单后直接向法院起诉。他的起诉状很精彩，我摘录如下：

"告交警决非为了哗众取宠。我的目的是想借此提高交警的执法水平——那就是执法者首先要懂法、守法。

执法者不懂法，是法治国家的不幸。

被不懂法的执法者粗暴处罚，是公民的悲哀。

如果你认为我是真心疼那 100 元钱，那我可以给你算一笔账：为了这个官司，我交的诉讼费是 80 元，法院文书快递费是 100 元。如果我胜诉，

80元诉讼费由被告承担，加上退回来的罚款，看上去我好像正好不亏不赚，还要贴点时间精力，但事实上即便官司赢了，交警还可以对我的'违法行为'做出重新处罚（即撤销原错误处罚，做出新处罚，就是去银行交钱）这个时候就不是100元了，肯定要罚200（最高限额），那我虽然赢了官司，却额外还要再贴上100元，加上文书快递费100元，即共花费300元；如果我败诉，那么80元诉讼费、100元法院文书快递费，再加上原先的100元罚款，共花费280元，这么一算，无论这个官司输赢与否，我都没有钱赚，相反只会付出更多的钱（300或280元）。这是一个有趣的事情，官司赢了我花300元，官司输了倒只要280元。但是，我希望我能胜诉，因为我将赢得公理，交警将暂时输掉面子却提高了执法能力。这是一件双赢的好事。

所以从本质上说，这其实是一个公益性质的官司。一来可以提醒交警，执法的前提是有法可依；二来告诉广大车主，要懂得利用法律武器捍卫自己的权益不受侵犯。我们不能眼睁睁地看着一些不懂法不守法的执法者随心所欲地破坏我们的社会秩序。"

交警直接贴罚单行为，明显违反了《行政处罚法》规定的处罚程序。法院当然不会支持交警不告知当事人，剥夺当事人进行陈述和申辩的机会，直接作出行政处罚的行为。交警几次败诉后，吸取了教训，为了在提高执法效率的同时，保障当事人程序权利，张贴违法停车告知单作为非现场执法方式应时而生。违法停车告知单与罚单不同，是在当事人不在场的情况下，张贴在其车辆上要求车主前去指定地点接受处理的单据，具有两个属性，一是非行政处罚性，二是不涉及公民权利义务性。以告知单取代罚单就是为当事人申辩提供可能，实现程序合法。

类似交警贴罚单的行为，其他行政机关同样存在，我们不能为了工作的便利，只重视实体合法，疏忽对程序的把握。

小许是一位新进的公务员，也是法律系毕业生，因为和我同专业，年龄比我小很多，初见面就称我师兄。

性格随和是小许的一大优点，而且他工作态度很积极，做事效率也高。另外，他还头脑灵光，懂得随机应变，办事都很妥当。人事部门领导相中他的能力，上岗培训结束后不久，小许就被安排到了稽查局，担任税务案件审理的重任。

税务案件审理工作是税务局的重点工作，很考验人的综合能力，很少有新进的公务员能有机会到这一重要岗位锻炼。小许珍惜这次机会，工作愈发努力。一年下来，他办理了不少税收违法案件，都很顺利。后来科长就将一起较复杂的案件交给他办。这案件涉及程序复杂，需要证明的内容环环相扣，工作量很大，被处罚对象又很不配合，耽搁了不少时间。小许忙忙碌碌，总算将案件审理工作一步一步往前推进，接近收尾，但规定完成任务的期限也快到了。

小许只好快马加鞭，抓紧整理手头的材料，完成税务案件审理工作报告，拟出税务行政处罚意见，赶在期限最后两天将处罚内部审批表交给上级审批。然而不巧的是，科长刚好在湖南出差，要过几天才能回来。小许听到这个消息，不免感到有些头疼。他粗略算了算时间，要是等到科长回来签字审批之后，再进行后续的工作，时间一定不够。再加上到时候手忙脚乱，要是忙中出错，就更不好了。小许急忙给在外地的科长打电话，科长说："你把所有处罚材料和文书都准备好，我回来马上签发。"他按捺下心中的焦急，思量着不超过期限、不让工作进度落后的法子，就是按科长意见，提前在电脑里拟好处罚决定书，这样等科长回来审批完成，就可以简单修改或者直接取用。

小许决定拖延一时不如早做一日，按照审批表上的初步意见，在电脑里拟定了一份完整的处罚决定书。他推测科长应该十月二十八日晚上能回单位，就在决定书最后的落款时间处，写上了"十月二十九日"的字样——这样，等科长回来审批完毕，立即报局长审批，他就可以立刻从电脑里输出处罚决定书。

没想到，因为天气原因，航班被耽误了，三十日那天中午，科长一行人才出差归来。"来来来，这次出差工作很顺利，我还给大家带了礼物，大家自己分一分呀。"正是午休时间，科长喜笑颜开地取出从湖南带来的土特产——姜糖，分发给同事们。在工作劳累之余有了这番"犒赏"，大家都很高兴，嬉笑着分吃姜糖，办公室里弥漫着甜甜的轻松气氛。正在大家开心热闹的时刻，小许也没有忘记自己的本职工作。待科长在办公室里坐定，大家的闹腾声也渐渐弱下来后，他立刻把案子的处罚内部审批表拿到科长面前："科长，这是最近的那起案子，需要您签署一下审核意见。"科长对案件没有不同意见，拿起笔便开始批示，同时也笑眯眯地赞扬了一番小许的工作效率和工作态度。

在请科长签完审核意见后，小许再往上找到了局长签字。经由局长、科长正式审核同意后，小许回到自己的办公室，从电脑中调出已经拟写好的处罚决定书，因为两级领导都没有不同意见，便立即将它打印了出来。

万事俱备，只欠"红章"。小许拿着刚刚打印出来热腾腾的处罚决定书和相关材料，前去盖好了公章，寄送给被处罚人。当那份处罚书被送走后，小许长长地松了一口气——终于赶在案子的截止期限内完成了所有的任务。而他在领导审批前拟定决定书的事，因为被处罚人没有提起复议诉讼，大家也就不再注意。

半个月后，我到稽查局，指导他们制作说理性处罚决定书，并从稽查局的近期案卷中挑选两个作为典型剖析。拿到小许审理的稽查案卷后，我仔细看处罚决定书，发现落款时间为十月二十九日，而处罚内部审批表上科长、局长签署审核意见时间为十月三十日。

这是个小疏忽，但不是个小事。如果被处罚人提起诉讼，在法庭的质证中，因为处罚决定书的落款时间在前，领导内部审批同意的时间在后，就可以推翻处罚决定书的真实性或合法性。我赶紧叫来小许，问清出现错误的缘由，仗着自己是他前辈的身份，训导了他一顿，也许这会给小许留下深刻的印象，成为今后工作中程序要到位的宝贵经验。

程序不到位，败诉是小事，会引发更严重的问题，甚至会被追究刑事责任。

按照税务机关内部规定，增值税一般纳税人认定，税务工作人员要到现场查看。当然，增值税一般纳税人数量太多，税务工作人员很难排出时间一一查看。由于绝大多数纳税人都是遵纪守法，而且现场查看也未必能发现什么，所以现场查看的程序印在纸上、挂在墙上，落到实处却打了折扣。北京平谷区国家税务局第五税务所的两名工作人员王成立和刘海龙，在担任税务管理员期间，也许是太忙，也许是太懒，违反规定没有到现场查看，疏于对所管辖的 6 家公司进行税收管理。而且未对相关公司的纳税申报材料进行认真审查，未对稽核比对异常的完税凭证进行核查分类，也没有对应进行增值税专项纳税评估的上述公司进行纳税评估，还为存在涉税违法问题的相关公司办理了注销税务登记的手续，致使上述 6 家公司在 2004 年至 2005 年间使用 250 余份虚假的海关进口增值税专用缴款书进行纳税申报，抵扣进项税额，造成国家税款损失合计人民币 5400 余万元。

虽然王成立、刘海龙在被告席上辩解，自己工作太忙，管不过来……法院认为俩人在日常的税收征管工作过程中不正确履行职责，致使国家利益遭受重大损失，以玩忽职守罪分别判处有期徒刑三年六个月和有期徒刑三年。

易被忽视的不作为

行政不作为指行政主体应当履行而未履行或拖延履行其法定职责的情形，它易被忽视。

何木革与王李群曾经都是杭州新经济开发区一家企业的驾驶员。两人差不多时间上岗，性格脾气也都相投，是关系不错的朋友。本来嘛，在杭州谋一份工作赚钱养家糊口，辛苦之余还可以有几个朋友一起打发闲暇时光，日子也算是过得不差。

然而好景不长，两人供职的企业因为一些内部原因，进行了一次人员精简。裁员的"大刀"自然大多是动在下层的普通员工身上，何木革与王李群不幸在这次人员精简中"中了枪"。他们两人自认在工作时一向尽心尽责，也基本没有什么违规违纪的行为，一直老实本分地干着驾驶员的活儿。而且他们更是家里主要的经济支柱，一旦丢了饭碗，拿什么养活一家人？因此高层的裁员名单一出来，两人除了感到震惊外，更多的是不安和愤怒。"凭什么要我们两个下岗，而不去裁掉那些整天没什么事干的闲职？"他们前去向高层表示抗议，并且要求他们对裁员给出一个说法，但是作为两个默默无闻的小驾驶员，他们在企业并没有什么话语权。经过多次交涉甚至冲突后，高层的态度强硬，解释也始终敷衍。最终，除了接受自己必须卷铺盖走人这个事实，两人别无他法。

在不得不从企业下岗后，两人一时找不到新的工作，也咽不下被莫名其妙炒了鱿鱼的这口气。断了经济来源，他们的生活也没了保障。有一日，在杭州的朋友约他们去喝酒，席间谈起了近期的状况，他俩愁肠满结地提及了被裁员下岗的事情。正在他们向几个朋友吐苦水的时候，朋友们忽然问起："那你们的企业有没有帮你们办过社会保险啊？你们俩临时失业的话，能不能领点社会保险金啊？"

此言既出，何木革与王李群怔了一怔，连忙回想了一番后答道："没办，当初在企业上班时，企业说不交社保的话能多发点工资，我们俩就都没去办。"按规定来说，员工进入企业工作时，应该办理社会保险，一般是员工自己出一部分钱，企业出一部分钱。但是有些员工不愿意交自己的那一部分，宁愿让企业多发点工资。对于企业来说，这样也能帮他们省下自己应交纳的那些钱，何乐而不为呢？这种看起来"双赢"的现象在类似的企业中屡见不鲜。"企业不帮你们办社保，就是违反了规定，你们可以去跟企业的人讨说法啊。"朋友拍拍两人的肩，建议着。"社保"的情况很快又点燃了两人对突然下岗的不满，思来想去，他们决定投诉企业不办社保，希望能多少得到一点补偿。

想法是有了，但何木革与王李群对于这件事心中并没有谱。要投诉，那就先写封投诉信试试吧。他们两人修修改改，总算是写出了两封反映企业不为员工办理社保情况的投诉信，分别邮寄去了杭州市 K 区税务局（浙江省社保费由税务机关属地征收）和社保局等部门。信件被投入了邮筒之后，两人便怀揣起一腔期待，等候税务局等部门的回音。

过了大约有三个月，何木革与王李群两人寻找新工作未果，便先后离开了杭州。何木革与家里商量之后回到了河南老家务农，王李群则辗转到了广州，另谋了一份驾驶员的职务。两人也算开始了新生活，但是他们都还惦记着三个月前投出的那份投诉信。从最初的饱含期待，到慢慢变得焦虑，再到烦躁和生气。在苦苦等待之后，税务局方面依然音讯全无，那两封信件如同石沉大海，没激起一点回响。这让他们非常失望。"老板不讲理也就算了，怎么连税务局都这么欺负人呢？"两人的不满经由这件事情的催化，变得愈发强烈。下岗无奈，上告亦无门。连税务局也对此事"不理不睬"，他们也就只能自吞苦果了吗？

何木革与王李群并不服气，企业不为他们办理社保，是企业做得不对。而他们向税务局等政府机关寄出投诉信，无论那些单位受不受理、结果如何，也多少应该给他们一些答复吧？他们依然想要维护自己的权益，因此着手查阅了一些资料，也咨询了包打官司的土"律师"，得到的意见是，像 K 区税务局这样的政府机关，对于两人的投诉信不作为情况，他们可以提起行政复议或起诉到法院，告政府机关的行政不作为。何木革与王李群看到了希望，他们觉得，要解决当前的问题，提起行政复议不失为一种切实可行的方法。

凭着一股子不甘心的劲头，两人才坚持从投诉到提起复议，至于具体的操作，文化水平并不算太高的两人也不甚了了。之前的那份投诉信，是两人费了好大的劲儿，兼着些口语化的句子写出来的。这次提请行政复议的申请，两人都觉得落笔要更加慎重一些。他们斟酌许久，最后花钱请了包打官司的土"律师"执笔，洋洋洒洒写了两页纸，状告 K 区税务局行政不作为，并附上前次投诉信、EMS 特快专递邮件详情单复印件作为证据。

市税务局收到这份复议申请后，立即通知被申请人 K 区税务局。K区税务局局长心知麻烦来了，却一时也摸不着头脑，只能立即下令倒过来排查清楚事件的始末。很快，从相关部门一路倒查回收发窗口，最终也没找到那两份投诉信，但从复议申请人提供的复议申请书附件——EMS 特快专递邮件详情单复印件来看，投递清单对应签章栏内显示字样为"业务专用章（07）"，但收件人一栏却写着"胡匡龙代收"。"胡匡龙"并非税务局员工，经向邮政局了解，原来他就是 EMS 特快专递的投递员，投递员的签字是其为了应付邮政内部的特快专递时效管理而违章代签，这不能说明 K 区税务局有收到投诉信。但税务局"业务专用章（07）"怎么会盖在对应签章栏呢？K 区税务局局长了解到，每日都有大量的信函、文件和包裹送至办事大厅窗口，而税务局窗口的工作人员也没有一一查验，大多是粗略揽收，然后就应投递员的要求在签章栏盖上业务专用章。

因此，EMS 特快专递的投递员和税务局窗口的工作人员都没有规范地收发信件，现有的证据只能证明复议申请人确有给税务局寄出投诉信，但无法证明税务局是否确实收到投诉信。K 区税务局是否构成行政不作为？暂时无解。

"大家来看这封复议申请书，是寄给咱们局的吧？可是在信里面写的却是'曾经向社保局投诉要求依法查处企业未依法为职工交纳社保'，并没有'税务局'哦，这算不算复议申请书本身的问题啊？"审查两人的复议申请书过程中，我的一个突然发现使事件似乎有了转机。众人闻之，都过来研究复议申请书上的内容。这大概是何木革与王李群两人同时向多个部门申请复议，将给社保局的复议申请书复印后，未加修改直接签字寄给税务局。复议机关抓住了这一漏洞，要求何木革、王李群两人补正自己的复议申请书中的错误后再寄回。

税务局随后立即下发了《补正通知书》给何木革与王李群，要求两人在收到通知书五日内改正复议申请书中的错误并寄回，如果不改或逾期，则视同其放弃权利。接到这一消息后，在家乡务农的何木革立刻作出了补正，并依旧期待着能够得到企业方面的补偿。我致电给正在广东打工的王李群，而王李群在广州已逐渐适应了新工作和新环境，生活渐趋安定。他回复说，自己在广州上班每天非常忙碌，没什么精力再去解决当初这件事，而且他在广州办理好了社保，也就不想再花时间追究旧案了。最终，王李群没有再作补正，自动放弃了复议申请的权利。

对于 K 区税务局来说，这算得上是一桩好事。他们原本面对何木革、王李群两人的行政复议，而今两案减为一案，降低了 K 区税务局应对的压力。

接着，K 区税务局就此事专门派出了几位干部前往何木革、王李群原先工作的企业进行沟通："你们企业确实存在着不按规定给员工办社保的情况。对于何木革和王李群，你们能不能跟他们达成和解，好尽快解决这件事？"企业方面也明白不给他俩交社保是违规的，答应积极采取纠正措施，做好与何木革的沟通和解工作。最后，通过和解的方式，促使何木革撤回行政复议的申请。

无独有偶，杭州萧山的一名外来纺织女工朱淑真，也曾有过与何木革、王李群二人相似的遭遇——她在单位的人员精简中不得不下岗，又没有社保的保障，无奈之下一纸投诉到萧山税务局，也是久久没有得到消息，转而也请土"律师"提起了行政复议，告萧山税务局行政不作为。

不过与上一案不同的是，这一案中的萧山税务局，是积极作为的。当朱淑真寄出投诉信，税务局收到后，就第一时间赶至企业解决问题。他们与朱淑真曾就职的纺织厂协商好了相关事宜后，及时地致信给她，简明扼要地说明了情况。在收到朱淑真状告他们行政不作为的消息后，萧山税务局非常惊讶，表示她所举报的事情，很早之前他们便已办妥并寄回信给了她。然而朱淑真却一口咬定，自己从未收到来自萧山税务局的任何回复。

这件事就奇怪了，到底是哪里出了问题？萧山税务局在对他们的行政调查中，为了证明自己的确已经尽到了应尽的职责，出具了他们与企业沟通的情况。至于回信，他们也特意去邮局查了邮寄底单。证据显示，萧

并不简单的文书与送达

俗话说：细节决定成败。

相对于法律、事实、程序，文书与送达似乎是细节，然而因这些细节问题，导致行政行为的合法性出问题的事例不少。

黄裕民是杭州下属的 L 市个体工商户，因为没有履行纳税义务，L 市税务局对黄裕民作出税务处理决定。但是税务案审人员粗心大意，在制作处理决定书时，黄裕民本应该缴纳的税费及滞纳金为 119000 元，分项时数据都正确，累计时错误地写成了 129000 元。处理决定书有上千字，案审人员没有一一校对，再次计算核对累计数据，就把决定书发给了黄裕民。

过了一段时间，税务局对近期的法律文书进行内部审核，审核人员发现了这个低级错误。为了避免造成不必要的麻烦，税务局的案审科长马上电话联系了黄裕民，作出口头更正："我们局上次给你发的税务处理决定书上写的应缴税费和滞纳金累计数有点错误，是当时制作决定书的人疏忽了，真是不好意思。"案审科长说清楚了情况，并且代表税务局工作人员表示了诚挚的歉意。黄裕民在电话的那头连连应声："我知道了，这点小事而已，不要紧，不要紧！"案审科长听到他这么说，也松了一口气，暗自庆幸能碰到个通情达理的人，免去自己不少麻烦。"黄裕民这人税收违法是违法，但还挺好说话的。不过虽然已经口头通知过他，你们还要把决定书修改一下再送达他一次吧，我们工作也要严谨一点。"谨慎的案审科长对案审人员提出了书面更正要求。于是，税务案审人员更正了决定书上的错误金额后，重新打印了决定书，并附了一份更正通知书，准备重新送达给黄裕民，了结这件事。

可是让税务局没有料到的是，黄裕民远远不是这么好对付的人。他对税务局要求其补缴这么多的税费及滞纳金一直心怀不满，只是找不到正当的理由来反对。这次税务局自己把这么一个可以让他"发挥"的机会摆在他面前，他在心里一边偷笑，一边暗自琢磨着该如何好好利用。

当税务局将更正通知书送达黄裕民时，黄裕民拒绝签收。案审科的工作人员万分不解地把情况上报给了案审科长："黄裕民没有签收更正通知书，也没有给个理由。"案审科长沉吟说："大概是觉得我们已经口头通知过了，就认为再收更正通知书多此一举了吧？"工作人员询问道："那还要不要再寄发给他？"科长回答道："那就直接通过邮寄送达吧。"最后，税务局方面还是不嫌麻烦，通过邮寄将更正通知书寄给了黄裕民。在税务局看来，这个意外失误，到这儿差不多就解决了。

谁知，没过多久，L市税务局收到了法院的传票，而告他们的正是黄裕民，这让大家着实吃了一惊。这回，黄裕民以不服税务局税务处理，税务局要求其缴纳的税费及滞纳金129000元有错误为理由，向人民法院提起行政诉讼。案审科长一下子头大了——怪不得在电话中说得好好的，但是当书面的文件送到黄裕民手上后他又不愿签收。不过这时候，案审科长也不由得庆幸自己还是坚持重新邮寄了一份更正通知书给黄裕民，要不然，现在无法举证自己已纠正错误了。

在应诉过程中，税务局找出了当时更正后的决定书以及更正通知书复印件，作为已经更正过错误的证据，他们还去邮局取到了相关的邮寄送达证明，然后向法院提交了这一系列证据。税务局方面表示，最开始时数据计算错误且没有校对确实是税务局方面的失误，但是在这个失误被发现之后，他们积极作为，第一时间向黄裕民通知更正。因此不存在黄裕民上述姐将股权转让给张总经理，法定代表人也由吴大姐改为张总经理。而区税务局因为不了解该公司股权转让情况，还是将法律文书送达给了吴大姐，而吴大姐也在送达回证的受送达人栏处签了字，由于她当时已经不再是公司法定代表人，并已不参与公司事务，所以受传达人签章处也就没有公司的公章。依据法律程序，这样的送达实际上是无效送达，一旦发生法律争议，行政机关很可能因为程序不到位，被判败诉。

送达中出现更多的情况是：因为被送达人的地址信息模糊、信息未及时更新，甚至无有效信息造成文书无法成功送达。

某次，稽查局给某科技学院开设的小和山公司送达处罚告知书，到达时发现原先案卷中提供的地址早已人去楼空，该公司很久之前就已搬离原办公场所，而新办公地址无法查明。稽查局工作人员好不容易通过工商、税务局方面的公司登记信息，找到了该公司在工商、税务部门登记的法定代表人金某某的联系方式，结果当联系到金某某后，他一脸不耐烦地说："我本是科技学院职工，受单位委托担任法定代表人。我已调离这单位，早就不管这一摊子事，你们来烦我干嘛？"

送达人员回答："我们根据工商、税务部门登记的法定代表人名字找到你，你有签收的义务。"

"没有到工商、税务部门及时变更法定代表人是原单位的错误，我本来就是挂名，现在更没一毛关系，再说我现在也不掌握公章，我不能签收处罚告知书。"

面对以上情况，送达人员又该作何处理？

显然，及时办理公司的法定代表人和办公场所变更登记是企业的责任，在没有变更之前，原登记在法律意义上仍然是有效的，我们不能受他们推脱之词的引导，就以为他们不接收文书有理，以至于法律文书无法送达。当然，为了防止公司内部的扯皮，保证法律文书能真正送达到，我们可以把法律文书一式制作两份，一份邮寄送达公司的法定办公场所，另一份送达受送达人在工商、税务部门登记的法定代表人，如果法定代表人拒绝签收，可以找见证人采取留置送达。万一引发法律争议，邮局的邮件投递详情记录和留置送达见证人可以证明行政机关已经尽了送达义务。只有当税务机关通过各种途径都无法送达的，才能用公告的方式送达文件。

适用规范性文件引发的争议

行政执法经常要适用规范性文件。

规范性文件是法律术语，是指除法律、法规、规章外，行政机关和法律、法规授权的组织制定的，涉及公民、法人或者其他组织权利义务，在一定时期内反复适用，具有普遍约束力的行政公文。因为各级政府机关，下发的规范性文件往往带有大红字标题和红色印章，民间俗称它为"红头文件"。

制定规范性文件，虽然不是一种行政立法，但与行政立法紧密联系，是政府的一种抽象行政行为，它介于行政立法与行政执法之间，常常起着一种中介作用。由于规范性文件往往针对一定地域的一定事物，依据法律、法规及规章作出较前者更为具体详细的规定，它能将日常行政管理中出现烦琐而又细微的问题通过这一手段得到有效、及时的解决，所以各级行政机关挺喜欢制定规范性文件。如近年为了实现房地产业与国民经济协调发展，中央和各级行政机关出过数以千计的涉及房地产宏观调控规范性文件。

大学刚毕业的小黄，不喜欢单位朝九晚五的上班生涯，更不适应公司条条框框的制度规定。虽也曾兴奋地和同学结伴去人才市场"碰碰运气"，但是几次铩羽而归后，小黄的兴致便败了下来。人生理想和就业现实的巨大反差，让从小娇生惯养的小黄对职业生涯感到强烈的无所适从。以后的日子，他大多在家玩着网络游戏，沉浸在虚拟世界的时间越来越多，和父母交流却很少，更别提外出找工作的事了。

面对这样的儿子，身为政府公务员的黄爸爸怒其不争，晚上躺在床上翻来覆去地睡不着。同样是大学毕业生，面对同样不乐观的就业形势，别人家的小孩怎么就能本本分分地找份工作，乐呵呵地为不确定的未来打拼。而自己的儿子就缩头缩尾的，甚至成了网瘾青年，用当下年轻人的时髦话来讲，就是没出息的宅男。想了很久，黄爸爸突然想明白了，儿子之所以不愿出去工作，就是因为有恃无恐。自己和老伴儿在政府机关工作半辈子，不论是积蓄还是人脉，都给了儿子啃老的信心，所以他才能这么心安理得地享受着父母的荫庇，甘心做个永远长不大的孩子。

面对令自己失望的儿子，黄爸爸一边感慨自己奋斗了半辈子，却忽略了对儿子的责任意识教育；一边又深刻地明白，自己不可能永远做儿子屹立不倒的靠山，终有一天，幼鸟也要长大飞向自己的蓝天。想到这里，黄爸爸猛地坐起来，他决定不能让儿子就这样堕落下去了；自己应该学老鹰，赶孩子出巢学习飞翔。

第二天早上，黄爸爸敲开小黄的房间门时，一股脏衣服的馊臭和呛人的烟味就扑鼻而来。原来，小黄通宵游戏刚好结束，正感到有些疲惫和落寞，准备上床休息。看着父亲复杂的神色，小黄仿佛已经知道父亲想要说什么了。

但是黄爸爸一开口，小黄还是吃了一惊。

"儿子啊，爸跟你说件事。"说着黄爸爸递给了小黄一张银行卡，"你成人了，这张银行卡里的钱，坦白跟你说了吧，是我跟你妈给你攒的娶媳妇钱。可你现在天天宅在家里玩网络游戏，哪来的媳妇？你也应该外出做些有意义的事，我已经帮你物色好了一处房产，这银行卡里的钱你拿去把那套房子买了。你就当这是家庭政治任务，通过这次独立办事，一则让你自己锻炼锻炼，另外嘛，我跟你妈商量了，你也长大了，以后总要自立门户的。"

父亲的话里含着许多不舍和无奈，显得有些沉重。

小黄看着爸爸递过来的银行卡，有点慌神儿，一时不知道该做什么反应，他潜意识里既眷恋这种和父母生活时的温馨和舒适，又不想自己一辈子就躺在爸妈身边过日子。正在他不知所措之时，父亲已经踱着步子走出去了。

片刻的思想斗争之后，小黄就决定按照父亲说的，给父亲已经物色好房子的楼盘售楼处打了电话，并约了时间去办理买房的手续。因为父亲已经打点好的缘故，买房子的事情非常顺利，以至于让小黄没有产生任何"置业"的艰难和兴奋感，办完手续回到家，把房屋权证等资料往父亲的抽屉里一塞，就又回到游戏世界，仿佛真的只是完成了一个家庭政治任务。

黄爸爸自以为把事情交代得很清楚了，也就每天忙自己的单位工作，早出晚归，连抽屉都没开过。一晃又三个月过去了，黄爸爸发现儿子没有一点改变，仍是不分昼夜与游戏为伴，仿佛什么都不曾发生过，终于耐不住性子，走进儿子房间，问他房子的事情办得怎么样了。

游戏中的小黄轻描淡写地回复了一句：早就买好了，我把房屋权证等资料都放你抽屉了，我以为你已经看过了呢。

听了儿子的话，黄爸爸有些吃惊，一边惊叹自己儿子什么时候办事效率变得这么高，一边又隐隐觉得不太放心。赶紧去书房抽屉里翻出儿子塞进去的文件袋，打开一看，房屋权证倒是办理得没什么疏漏，可付款总觉得多了点。仔细一核，儿子未申请领取购房补助。原来政府为鼓励市民买房，前些时间发了购房给予补助的规范性文件。

黄爸爸连忙找到小黄，问他，购房补助为什么没领？

"什么补助？"小黄还在低头玩游戏，头也不抬地回答，"我不知道。"

"你给我转过身来。"一听这个语气，小黄就知道大事不妙，赶紧乖乖退出游戏，转过身正襟危坐。

"爸，我这也没什么经验，不知道还有补助，我明天就去窗口问问，您别生气！"

"我还能不生气？你看你，成天就知道打游戏，做一点正事没有？二十好几的大小伙子，你能不能争点气！"父亲语调升高了，愤怒显而易见。

"爸，我知道我错了，我保证，这补助我肯定领回来，工作的事情我也尽快落实成不？爸您别气坏身子！"小黄知道自己错大了，拍拍胸脯保证着，一边小心翼翼向父亲赔罪。

第二天一早，小黄来到上次办事的窗口，要求领取购房补助，工作人员态度亲切面带微笑，问他相关资料有没有带来。小黄连忙把资料递上，心想，这点小事，哼。

结果过了一小会，工作人员又面带微笑地将材料退回来了，并告知小黄，按照《关于个人购房补助操作流程的通知》规定，购房补助领取应在办理产权证三个月内提出申请，超出三个月不予受理。所以，您这笔补助我们不能给您办理，非常抱歉。

小黄一听就腿软了，超出三个月不予受理？这怎么行，那爸爸还不得骂死我？于是他开始和工作人员软磨硬泡，说自己年纪轻没经验，事务又忙，刚刚得知这回事，也是情有可原，就不能通融一下，灵活处理一下？

可是工作人员也是一脸无奈，说自己也是按照规范性文件执行，实在帮不上忙，您要没别的事就请让一下，后边还有人在排队呢。

小黄拿着资料走到旁边感觉有些恍惚，一边心有余悸地想到父亲失望的样子，一边心疼好好的三万块就这么插上翅膀飞了。怎么想都觉得这事不能这么算了，自己得想办法把自己失误造成的损失弥补回来。

可宅男小黄朋友不多，也想不出好办法，他回到家饭也不吃就关起门来，用手机在朋友圈里吐槽。结果这条朋友圈信息被小黄的一个高中同学注意到了。这个失联多年的高中陆同学大学法律系刚刚毕业，在一个律师事务所实习，正愁没有业务整天到处瞎跑，百无聊赖之时无意中看到了小黄的朋友圈，多年的法律学习经验，让他敏锐地从这条晦涩的朋友圈中嗅到了一丝机会的味道。他建议小黄写复议申请书。

小黄并不熟悉法律，自己写的复议申请书只是围绕两个中心内容：第一，自己在买房的时候没有得到任何关于补助的消息，这是政府工作人员的工作疏忽，后果不该由自己承担，所以超过三个月申请，本身是无过错的；第二，超过三个月不予受理这个规定本身就不合理，建议政府机关仔细斟酌一下，考虑一下实际情况给他补助。

购房补助发放部门——财政局收到复议机关转来的小黄行政复议申请和答复通知后也觉得有些意外，如何答复？洪局长立即召集受理窗口负责人、审批处处长和公职律师的我讨论这件突发事件。我问窗口负责人："从申请书后附的证据看不出小黄申请过购房补助，你是否有印象他什么时候来申请过？或者把他申请书上所说的日期的监控录像调出来看看。"

受理窗口负责人委屈地说："这几个月来窗口办事的人太多了，监控只能保存一个月的记录，具体细节实在回忆不起来了。超过三个月拒绝受理是规范性文件的要求，局长和林律师可别怪我。"

讨论会上出现了两种应对意见：第一种意见认为小黄的复议申请书中，并没有提供其事后向政府申请购房补助的证据，我们就以小黄根本没有向政府申请过购房补助为由，建议复议机关驳回他的复议申请，直接赢得这场官司。第二种意见认为小黄的复议申请书中，虽然没有提供其事后向政府申请购房补助的证据，但客观上应该有向财政局办事窗口口头申请过，只不过他超过三个月才申请，不符合受理条件，复议答复就强调财政局没有过错，说明超过三个月不予受理的理由。

有过法律应对经验的人都明白，第一种应对意见可以让小黄失去进入复议实质审查的机会，财政局能轻松地赢得这场官司。但行政机关参加复议诉讼，只是为了赢得官司吗？

洪局长表态，即使对方没有证据，行政机关也不能违背信赖原则，否认可能存在的事实；第二种应对意见虽然会赢得比较艰难，但我们要直面困难，不怕说理与争辩。她回头问我，林律师你什么意见？我说，我同意洪局长的观点，宁可我们艰难应对，让人觉得"迂"点，也不能让民众觉得行政机关要赖。

于是，财政局的复议答复按照第二种应对意见出具，强调政府没有错：

首先，申请人未在三个月内提交"个人购房补助申请"，按照《关于个人购房补助操作流程的通知》中的申请受理时限的规定："购房人应在办理房屋权属证书后三个月内提出购房补助申请，逾期视同自动放弃补助。"

其次，个人购房补助是依申请而不是依职权办理，办理部门并无法定职责通知申请人前来办理。办理部门已通过2家报纸、3个网站、多家微信第三方媒体平台先后登载了《你领到补贴了吗？100多户购房人申请了购房补贴！申请流程看过来》、《重大利好！房产新政来了，送买房人"真金白银"》、《购房补助倒计时，这些热点问题你一定想知道！》等文章宣传购房补助政策。财政局受理窗口还于政策发布后设置温馨提示，在不动产交易场所设有易拉宝对该政策进行宣传，放置补助相关宣传资料，供办事群众取用。可以说，政府全方位进行了宣传提示，申请人可以从各种渠道得知购房补助办理相关信息。申请人提出"平时比较忙，没有渠道得到通知可以申请购房补助"是其自身原因。

看到财政局的书面复议答复，小黄觉得自己理亏，打算放弃复议申请。

小黄的陆同学得知消息后，就单刀直入地和小黄说，别撤，我帮助你继续打官司。一开始小黄并不想请失联多年的老同学帮助，因为他是资历尚浅的菜鸟律师，自己这个案子本身就不大，不愿再交上一笔不菲的律师费，所以小黄言语间有些推托，但是陆同学看透了小黄的心思，他提出一个建议："你本来没准备请律师吧，那我给你做'风险代理'，官司要是输了，我分文不收。反过来官司若是赢了，你那三万块的补贴，就分我一半。"

小黄对小陆的话有些迟疑，但再一想，都是老同学，话都说到这份上了，再推托感觉不够朋友了，于是两人开启了并肩作战模式。小陆之所以积极参与这个案子，不仅是因为初出茅庐，办案心切，还因为他之前在政府机关实习过，知道制定和适用规范性文件，往往是行政机关的薄弱环节，本案中"超过三个月不予受理"的规定，并非无可争议，可以提起规范性文件的合法性审查。

形势突变，本案争议的焦点变为规范性文件的合法性问题。

作为行政执法依据，效力的高低依次是法律、行政法规、地方性法规、规章、规范性文件。人民法院审理行政案件，以法律、法规为依据，对行政规章可以参照，而规范性文件则是被审查对象。也就是说，一旦发生诉讼，这些与法律法规不相一致和相互不协调的规范性文件有可能成为败诉的隐患。

规范性文件阶位最低，然而由于立法的不足，行政执法离不开规范性文件的指导。加上制定规范性文件比法律、法规及规章方便，所以行政机关规范性文件的数量远远大于法律、法规和规章。

在我多年的公职律师工作经历中，遇到一些规范性文件，内容大段地抄录法律法规和上级部门的规范性文件；自创的东西号召性的多，具体的少，关键问题则避实就虚、回避矛盾。如一些文件的最后部分往往是："造成严重后果的，严肃追究主要责任人和相关人员责任……"至于在实施中追究什么责任，怎么追究，没有。这样的规范性文件只是滥竽充数，缺乏可操作性，不能解决实际问题。也有个别规范性文件走向另一个极端，很有针对性，能够解决具体问题，但超越自身权限，甚至与法律、法规、规章、上级机关的规范性文件抵触，造成文件打架、引发执法争议。

本案涉及财政局的规范性文件——《关于个人购房补助操作流程的通知》，针对解决实际工作问题，显然不属于滥竽充数类规范性文件，但它是否存在超越权限，和上位法冲突的问题？

小黄和小陆主张，规范性文件不得与上位法相抵触，不能没有法律依据而违法增加公民、法人或者其他组织的义务或者限制公民、法人或者其他组织的权利。财政局发的文，违背上位文件（《进一步促进市区房地产市场平稳健康发展的通知》），减少公民获得购房补助的机会，实际上也是种权利限制。财政局并没有权利对上位文件进行解释，且无权规定"超过三个月不予受理"。

被申请人一方解释，财政局承担着政府财政资金的管理职能，为妥善发放购房补助制定个人购房补助操作流程主体合法，有权对购房补助如何具体发放进行解释。文件中将受理期限定为办理房屋权属证书后三个月，主要是出于补助资金筹集安排的需要和政策可操作性及时效的考虑，并未违反上位法的相关规定。

鉴于本案双方的争议较大，复议机关召开听证会，让参加复议的双方都充分发表意见，小陆陪着小黄，夹着厚厚的《行政法律大全》来了。

在听证会上，小陆和小黄重申了复议申请书上的理由。

我提出，本案的关键是规范性文件适用引发的问题，并从以下三个角度进行分析。

首先，大家都知道，规范性文件不得违法增加公民义务或者限制公民权利，创设行政许可、行政处罚、行政强制、行政征收征用等属于法律、法规、规章规定的事项。本案财政局制发的是关于补助资金发放的文件，是涉及资金管理、授予公民利益的事项，没有违法增加公民义务或者限制公民权利的情形，财政局有权制发这样的规范性文件。

其次，由于市政府办公室的《进一步促进房地产市场平稳健康发展的通知》中，购房补助并没有具体的兑现程序，具体兑现程序授权财政局"另行制定"，财政局制定购房补助具体兑现程序，规定"超过三个月不予受理"并不越权。

最后，房地产经济形势变化发展很快，各地宏观调控的政策也要经常更新，为购房补助的政策履行规定期限，促使购房人积极行使其权利，也有其客观必要性。

听了我的发言后，申请人仍不服气，坚持要用市政府办公室的《进一步促进房地产市场平稳健康发展的通知》作上位文件，审查财政局的"超过三个月不予受理"规定是否合法。

　　我就接着说，虽然市政府办公室、财政局的工作职能不同，制定的文件侧重点不同，但从法理上分析，两者属于同级别行政机关，分别制发的规范性文件也属于同一效力位次的文件，并非上下位次文件，两文件可以相互补充，没有尊卑之别。即使没有市政府办公室文件，财政局也可以直接制定财政资金管理发放程序的文件。市政府办公室的文件不是审查财政局购房补助兑现程序的上位文件，市政府办公室、财政局的规范性文件是一般规定和特别规定关系。

　　申请人的主要论据被釜底抽薪，再也无话可说。

　　本案的规范性文件涉及"超过三个月不予受理"的规定虽然没有问题，但本案的激烈争辩过程可以提示我们，规范性文件并不权威，其本身也是

公职律师
是政府讲
法律，适
应法治社
会的产物。

守法

公职律师

被审查对象。规范性文件合法是执法行为合法的大前提，作为执法依据的文件，要结构严谨、逻辑严密、文字简明、表达准确，尤其要按照法律的分工和权限，对不属本级管理的事务不得越权制定文件，确保规范性文件的内容不与宪法、法律、法规、规章以及上级机关的文件相抵触，避免文件打架、执法争议现象的发生。

第 三 章

税收与法治

　　税收与每个公民的切身利益攸关，"税收法治"是现代国家行政法治的基础。只有坚持用法治思维和法治方式调整税收关系、规范税收秩序、化解税收矛盾，才能实现依法征税和依法纳税的良性社会秩序状态。

税收法治

　　虽然税收在微观上表现出无偿、强制的特征，但征税应当严格遵守法律的规定执行。

税收法定是个大原则

西方社会有一句谚语："人生有两件事情不可避免，死亡和税收。"税收作为调整国家与国民财富分配的关键事项，直接涉及每个公民的财产权保护，地位非常重要，故应当以法律形式规定。

人类历史上，因为税收问题引发的战争与革命，比比皆是。1215 年，英王约翰王为了筹集军费，横征暴敛，引起了英国贵族、教士以及城市市民广泛不满。他们联合起来，发动了武装反叛，迫使约翰王在内忧外患的夹击下签署了限制国王权力的《大宪章》（又称《自由大宪章》）。《大宪章》

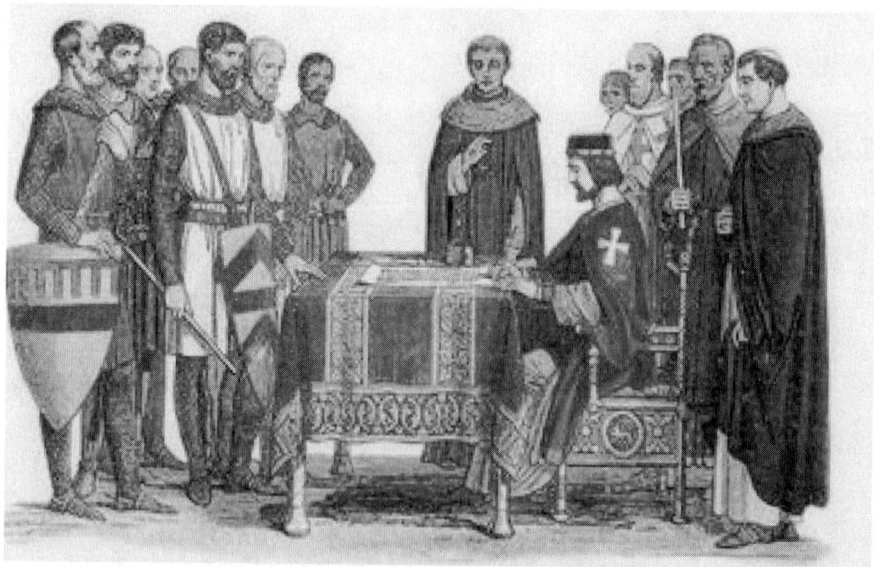

英国国王签署《大宪章》

规定，在征得"全国一致同意"外，国王不得课征任何"兵役免除税或捐助"，用法律条文明确规定了统治者征税必须受限于法律和人民同意的双重约束。这张书写在羊皮纸卷上的文件在历史上第一次限制了封建君主的权力，日后成为英国君主立宪制的法律基石，从而开启了宪政与税收历史关联的先河。之后，英国在1628年通过的《权利请愿书》中，又有进一步规定："没有议会的一致同意，任何人不得被迫给予或出让礼品，贷款，捐助，税金或类似的负担"，从而正式在英国的宪章性法律文本中确立了税收法定主义。1688年英国的"光荣革命"胜利后，英国国会制定的《权利法案》中又进一步重申："国王不经国会同意而任意征税，即为非法"。至此，税收法定的基本政治原则已经确立下来了。

中国古代没有税收法定的理念。基于家天下和"普天之下，莫非王土；率土之滨，莫非王臣"的基本理论，人们无不认为纳税是天经地义的事情，皇帝如此，官员如此，臣民也如此。政府的职责是征税，臣民的任务是纳税，各安其业，各守其位，各尽其责。而政府就如一架高速运转的征税机器，运转到夏季，就完成了夏税的征收，运转到秋季，就完成了秋税的征收。不仅臣民不会质疑他们在其中应享有什么权利，即使是那些抨击"苛政猛于虎"、为臣民鸣不平，甚至为民请命的受过良好教育的高素质官员，也不会认为这里存在什么问题。税民从来计较于征税的频率、税率的高低和税额的大小，却从没将税权执掌作为问题提出来。农民起义虽因赋税问题而频频爆发，遭到镇压后却又一切复归于旧。人们甚至不会想到，税收应该法定。

税收法定是人类的巨大进步，是现代国家行政法治的基础，是当今世界通行的税法基本原则。税收法定原则的核心理念是民主、法治，是民主法治观念在税收领域的具体映射。从法律角度来观察，税收的本质就是一种"公法之债"，国家和纳税人处于宪法上的平等地位。虽然税收在微观上表现出无偿、强制的特性，但在宏观上却应被理解为国家提供公共物品和公共服务的必要成本。因此，税收征纳应当获得人民的同意。鉴于现代国家人口众多，这种"同意"通常表现为间接同意，即由民意代表机关——议会、人大制定法律来规定税收事务。

在中国，税收法定并没有广为人知，但其原则已为现行立法实践所接受、确认。《立法法》第八条明确地将财政、税收基本制度，作为只能通过制定法律予以规定的重大事项。《税收征收管理法》第三条则规定："税收的开征、停征以及减税、免税、退税、补税，依照法律的规定执行；法律授权国务院规定的，依照国务院制定的行政法规的规定执行。任何机关、单位和个人不得违反法律、行政法规的规定，擅自做出税收开征、停征以及减税、免税、退税、补税和其他同税收法律、行政法规相抵触的决定。"中共十八届三中全会作出《中共中央关于全面深化改革若干重大问题的决定》，明确提出"落实税收法定原则"。

不过，由于中国法制建设起步较晚，税收法定原则长期没有得到必要的重视和宣传，社会上还未能很好地理解这一原则的精神内涵和实质。例如，有观点认为，"税收法定"的"法"包括法律、法规、规章等各类法律渊源，这是对税收法定原则的误读。又如，中国虽然已有二十多个税收法律法规，但税收太复杂，许多操作仍然只有粗线条的规定，需要依靠规范性文件的补充。

杨柳是某省行政机关法制处干部，法律硕士研究生毕业，平时工作是指导下级行政机关依法行政，对待法律事务格外重视，认真严谨已经成为她的职业习惯和生活习惯。

为了上下班方便，2009 年，刚过三十岁的她为自己购置了一辆二手宝马当坐骑，宝马入手后税务局收了她14个月总计420元的车船税款，杨柳敏锐地发现税务局多收了车船税款。因为根据当时的车船税条例第一条规定"车船的所有人或者管理人为车船税的纳税人"，杨柳觉得自己购车后才成为纳税人，前任车主未缴纳的6个月180元车船税应该由前任车主来缴纳，而自己无需替前任车主补缴车船税。

但是X区税务局根据国家税务总局的规范性文件《关于车船税若干问题的通知》（国税发〔2008〕48号）："同一年度内已经缴纳的不再退还，未缴纳的由新的车主承担"的要求，拒绝退还杨柳多缴纳的180元税款。这让杨柳十分气愤，她去向自己的处长咨询，在这件事上税务局的做法是否合乎规范。这位处长认为国家税务总局的规范性文件的内容不能超越法律规定，他支持杨柳用法律途径维护自己权益，正是维护法律的心态坚定了杨柳去向上级税务部门申请复议的决心，她觉得自己不能丢了法制工作人员的脸面。

我们收到杨柳的复议申请，先通知X区税务局提交征税行为证据和书面答复。区税务局觉得自己很委屈，因为他们是在执行国家税务总局的规范性文件，并非故意为难杨柳。我们和税政部门一起对税收法律、行政诉讼法研究以后，统一认识到，税收法定原则要求课税要素，如纳税人、征税对象、税率、税收优惠、征税基本程序、税务争议的解决方法等，必须由法律直接规定，杨柳涉及的问题即是纳税人法定的问题。规范性文件的内容不能超越法律规定，否则得不到法院的支持，杨柳提起复议是公民的合法权利表达。

于是区税务局开始主动和杨柳沟通，一开始是打电话过去，由于没有实质性的解决方案，杨柳拒绝继续聊下去，电话挂得干脆利落。没办法，处理此事的工作人员十分郁闷，跑到杨柳工作单位，发现杨柳申请复议的事情并不是秘密，并且很多人支持，尤其是杨柳的处长，这使工作人员想要通过杨柳的同事帮助自己说服基本难以实现。于是 X 区税务局的领导和工作人员请杨柳下班后喝茶，在茶座里继续沟通。

在喝茶的良好氛围中，大家聊起了各自的工作和相关法律规定，气氛逐渐活跃。X 区税务局的领导趁机诚恳地表示歉意，然后也说明了法律规定的粗线条，上级规范性文件有要求造成的执法结果，希望她能理解。杨柳表示自己也在政府法制部门工作，理解政府法制建设的任重道远，180元对买宝马的她其实根本不算什么，看到税务局的工作人员这几天为了处理自己的事情费了很多力气，感觉很过意不去。接着，大家谈起了各自工作生活中的烦恼和趣事，谈着谈着，杨柳肚子里的气也消了，继续复议感觉也没那么重要了，而且 X 区税务局处理这个事情的态度真的让她十分满意，产生一种十分被重视的存在感，加上钱数也不大，杨柳最终还是同意了撤回复议申请。

税收法定并不要求一切税收问题都必须制定法律，而是强调税收行为必须满足合法性的要件，必须获得法律的明确许可或立法机关的专门授权。也就是说，税收的开征、停征、纳税人、课税对象、税率等基本要素必须由全国人大及其常委会制定法律，国务院可以根据授权或为了执行法律而制定税收行政法规，财税主管部门也可以出台具体解释与执行细则。不过，这些法规、规章与规范性文件应当符合法律的精神、原则，并限定在其效力范围内发挥作用，仅对上位法进行补足和解释，而不能超越上位法来创制规则。

坚持税收法定，也就是要对国家征税权的行使施加合理的限制，以严格的立法程序来确保民主性和代表性在税收领域获得最大程度的实现，保障纳税人的合法财产权益不受国家征税权的过度侵犯。它根植于现代国家的民主、法治理念，彰显着对纳税人基本权利的尊重和保障。

　　但是，税收法定有力地维护纳税人基本权利的同时，也加大了税务部门的工作压力。纳税争议的案件是美国、日本、意大利、法国等发达国家律师的第一位案源。在中国台湾地区，税务行政案件已占所有行政案件数的60%，而中国大陆目前税务行政诉讼案件只占所有行政案件数的1.2%。这意味着随着社会主义市场经济和法治的进一步健全，今后税务执法工作的压力会迅速增大。税务律师和税务公职律师任重而道远。

《个人所得税法》六次修正的秘密

税收立法并不简单，用专业术语解说却太枯燥。

《个人所得税法》是民众关注度最高、相对简单的税收法律。作为公职律师，我经常接到纳税人对《个人所得税法》的咨询，也有对个人所得税的抱怨。我想通过分析个人所得税立法，来加深大家对税收法律现状的理解。

在中国现行的 18 个税种中，只有个人所得税、企业所得税和车船税这 3 种税通过全国人大立法，可见《个人所得税法》的重要性。但重要的《个人所得税法》，从 1980 年第五届全国人大第三次会议通过后，到 2011 年已经作了六次修正，是所有税收法律中修改最频繁的法律。为什么《个人所得税法》要不断修改？

不断修改的背后，体现着中国对《个人所得税法》的重视，也反映出中国现阶段税收立法的存在问题。

一、立法不能不考虑民意

《个人所得税法》因为涉及每个公民的利益，与其他税种法律相比，更容易受到公众的关注，立法受民意影响特别明显。

民意要求最强烈的是：《个人所得税法》的法定费用扣除额，即通俗说法"起征点"，[①] 需要提高。而《个人所得税法》的"起征点"数额每次

---

① 理论上的规范表达应该为"免征额"。

提高后，总是很快落后于现实，再次引起民意不满，这与中国的社会经济发展变化有关。

首先是物价在不断上升。中国社会迅速发展变化，国民经济快速增长的同时，通胀率很高。《南方都市报》2013年10月17日报道称，据佛山市财政局局长黄福洪透露，以1978年作为基数，35年来，中国财富增长了300倍，但中国货币投放已增长9000倍，也即是说当年的1块钱等于现在的30块钱。这就无意中泄露一个秘密：35年来通胀率可能达30倍！当然，仅仅根据黄局长的数据推测也不一定科学。

我个人有这样的感受：

1982年的时候，街上买碗面吃，大约2毛；

1992年的时候，街上买碗面吃，大约1元；

2002年的时候，街上买碗面吃，大约2元；

2012年的时候，街上买碗面吃，大约6元。

现在，买碗面吃，恐怕得10元以上了⋯⋯

其次是居民收入水平也发生很大改变。国家统计局2013年11月14日在其官方网站刊文指出，一些媒体以"城镇居民收入34年增长71倍"为标题，报道1978年至2012年的34年中，城镇居民人均可支配收入增长了71倍。实际上物价水平上涨使老百姓的实际购买力并没有增长这么多，反映居民收入实际增长情况要扣除价格上涨影响。根据国家统计局每年直接调查结果，从1978年到2012年，扣除物价上涨因素后，全国城镇居民人均可支配收入实际增长10.5倍。

中国于1980年9月颁布施行《个人所得税法》，800元的起征标准是当时人均工资水平的20倍，现在物价水平和收入水平都已经有了很大提高，月薪800元收入在普通工薪阶层中都属于低的，原来用来调节过高收入的税种征收到广大低薪阶层。

所以，为了维护公民的权益，也为了尊重民意，《个人所得税法》得一改、二改、三改……直至六改，不改实在不行。

每次的修改，民意都非常强烈。以《个人所得税法》第六次修改征求意见过程为例，2011年4月25日，全国人大常委会办公厅公布了《中华人民共和国个人所得税法修正案（草案）》，向社会广泛征求意见。据《人民日报（海外版）》报道，公众参与热情极高，原本当天下午还能登录的网页，晚间已很难打开，几乎陷于瘫痪。短短几天，82707位网民，237684条意见，181封群众来信，各个不同阶层的人，正在通过合法途径捍卫自己的权益。

收集的一些意见认为：不尽合理的个人所得税起征点设计造成了一种"逼税效应"？什么是"逼税效应"？就是由于起征点太低，大部分税负的交纳落到了中下经济收入者身上，呈现一个倒"金字塔"形，就是"富人交税少，税的负担'逼'着中产阶级交，中产阶级承受不了全部的税，一部分税又'逼'着低收入群体交"。

还有意见是质问政府，税收收入到底用到了哪里，为什么将2000元、3000元作为个税起征点，而不是5000元？

在全国人民代表大会常务委员会法制工作委员会向社会征求意见中大多数人要求将"个税起征点定为3000元"进行修改，建议提高到5000元。不少中国工薪阶层怀着一个愿望：希望个税起征点大幅度提高，让自己每月减少几百甚至上千元的提前扣税，真正拿到"全额工资"。

最后，立法者原设想的"个税起征点定为3000元"，与民众意愿5000元差距太大，只能折中，2011年6月30日，全国人大常委会个人所得税法第六次修正案确定："个税起征点定为3500元"。

这说明，税收牵涉每个人，本质是利益的分配，税收立法不能不考虑民意。由于中国工薪阶层占多数，工薪阶层又大多希望减轻税负。物价在不断上升，收入水平也在提高，《个人所得税法》的起征点不修改实在没有道理，修改是民主法治的进步，是尊重民意的体现。

二、立法需要科学预测与表述技巧

《个人所得税法》六次修改，不仅仅说明民意影响巨大，也说明《个人所得税法》不断落后于现实变化，中国的税收立法技术还不能保证《个人所得税法》的稳定。

《个人所得税法》立法技术方面的最大缺陷是在立法时，缺乏科学预测与表述技巧，立法者正确的意志，没有在法律中正确地表达，用固定不变的起征点金额标准应对迅速发展变化的社会。

一个统一并明确金额标准的个人所得税起征点，有利于税款征收的统一、平衡、公正、和谐，是税法权威和公正的必须。如果没有统一、明确的税款征收标准制约，税务人员在执法过程中就难于掌握分寸，碰到可紧可松、可宽可严、可重可轻的情形，就不得不依靠主观意志的"自由裁量"，容易造成社会经济的严重混乱和执法腐败的出现。所以，设置统一并明确金额标准的个人所得税起征点，想法没错。

但确定一个得到大多数人满意并能长期保持不变的起征点金额标准很难，因为物价仍会不断变动，收入水平也会发生很大改变，法律中的金额标准定会随着时间的增长而日益显示出其滞后性。

法律的尽善尽美是立法追求的理想，而现实中的立法是牵涉整个社会的复杂系统工程。特别是中国目前社会政治经济形势在迅速发展，要求立法预见未来的一切，判断现在和预见今后的各种情况，制定的法律具体金额标准能够适应不同时期、不同情况的所有社会需求是难以想象的。

有许多先例可以证明，法律中的具体金额标准将破坏它自身的稳定性。比如1992年9月4日全国人大常委会通过的《关于惩治偷税、抗税犯罪的补充规定》和随后修订的《刑法》，其中偷税构罪的金额标准是偷税数额占应纳税额的百分之十以上且偷税数额在一万元以上。制订法规的1992年城镇居民人均生活费支出为1826元，但过了十七年，城镇居民人均生活费支出为12265元，即使扣除物价上涨因素后，同期国民生活水平仍大幅度提高。以1992年制定的定罪量刑金额标准来评判2009年的行为就显得不公平，也不能正确反映其社会危害性。如果继续严格执行一万元的标准，打击面非常大。为适应现实变化，2009年2月《刑法》第七次修改，用"逃避缴纳税款"取代"偷税"，以"数额较大"取代了"偷税数额在1万元以上"的具体数额标准。

法律要长期稳定，法律中的条文，包括条文中规定的金额标准，都不能随便改动。频繁修改法律，会直接造成法律的灾难——不稳定。《个人所得税法》六次修正的一个重要原因，就是原《个人所得税法》的"起征点"总是跟不上形势，但即使上调到3500元，只要仍然把"起征点"的具体金额标准规定在法律条文中，恐怕不久仍会落后于时代，还得让《个人所得税法》再次进行修正。

从立法技术角度分析，个人所得税起征点需要具体金额标准并不等于它必须直接规定在《个人所得税法》中，而可以在条文中授权某一国家机关加以规定或者指定适用其他法律条文或法律文件中某一规定，它们的特点是具有一定的"弹性"，已有许多成熟先例。比如《个人所得税法》第六条应纳税所得额的计算中规定："对在中国境内无住所而在中国境内取得工资、薪金所得的纳税义务人和在中国境内有住所而在中国境外取得工资、薪金所得的纳税义务人，可以根据其平均收入水平、生活水平以及汇率变化情况确定附加减除费用，附加减除费用适用的范围和标准由国务院规定。"就是典型的"授权性规范"。又比如第七次修改后的《刑法》，以"数额较大"取代了"偷税数额在一万元以上"，"数额较大"的具体数额标准另由司法解释来明确。

个人所得税起征点也可以参照上述法律的先例，在《个人所得税法》条文中明确授权国务院或其他国家机关在下位法中对起征点的金额标准加以规定。被授权的机关制定的金额标准全国统一执行或全省统一执行，同样可以维护法律的统一性和严肃性，并可以在经济发展过程中，根据人均收入和物价指数的变动，经常调整费用扣除标准。通过修改下位法或相关规定来避免修改法律，达到维护法律稳定的目的。

法律保持稳定的最佳方法，是部分法律规范具有一定的"弹性"，允许其"变动"而不影响法律整体的生命力。《个人所得税法》六次出于相同原因不得不改，说明立法除了需要正确的意志，还需要正确的表达。

二手房最低计税价的背后

二手房最低计税价反映了税收征收过程中的现实困难。

刘烨是个三十岁不到的上班族，和女朋友小雯恋爱已经两年，双方家长也都见过，还算满意，快到谈婚论嫁的地步了。可惜美中不足的是，刘烨手里暂时还没有一套像样的婚房，这让小雯的父母颇有微词，小雯也多次催促刘烨凑点钱买套房，早点儿让她父母宽心，婚事也能早些落实下来。刘烨当然也知道没房结婚肯定靠不住脚，暗暗在心里盘算了下：虽然手头还没啥积蓄，但是可以先向银行贷款，以后再慢慢还也不迟；更主要的是，父母那还有 100 万元左右的存款留给他来讨媳妇用，现在该派上用场了。于是刘烨和父母共同商量后，打定主意准备买房。

开发商天花乱坠的广告和中介公司铺天盖地的售房信息让刘烨和小雯无从下手，但面对高房价，他们最后相中了一套位于城郊结合部的半山街道二手房，110 平方米左右。该房不仅离两人的工作单位近，更重要的在于，是套装修好了的二手房，特别是精装的实木地板，看上去很是养眼。据原户主李大姐说，这套房本来是留给女儿的婚房，但现在女儿找了个有房有车的富二代，这套房就闲置了下来。李大姐和老伴想了想总得为女儿准备些嫁妆，于是就准备把这房卖了，卖得的钱款就做嫁妆。

买卖双方经过多次讨价还价，终于把房价定在了 150 万元。刘烨和小雯都是杭州人，他们当然知道按照杭州二手房市场的惯例，卖方是净得，税款是由买方承担的。秉承着能省一点是一点的想法，小雯不知从哪里打听到，可以签个"阴阳合同"减少房税的支出。于是，他们和李大姐商量，李大姐想了想对自己也无损失，于是就同意了。

何谓"阴阳合同"呢？正如它的字面意思，一份"阳"合同是用来给税务局等部门看的：为了达到少交税款等目的，上面一些数字和金额是虚假的；而另一份"阴"合同则是由买卖双方共同私下持有，该合同上才标明实际成交的数字和金额。因此，刘烨和李大姐买卖双方共同约定，上报给税务局房子的售价为110万元——"阳合同"上标明的价格，实际买卖成交额仍然为150万元。这样一来，"阴阳合同"让刘烨省下了3万多元税款，也算是不小的一笔。这让刘烨心里乐开了花，直夸小雯聪明，将来肯定是个会持家的女人。

刘烨的买房款付清了，房产权证过户手续也办了，刘烨从李大姐手里拿到钥匙，心里的一块石头落了地，终于有套属于自己的房子了！于是，他马上约了小雯和小雯的父母一起去看房，好让岳父岳母安心把女儿交给自己。

可当他打开家门的一瞬间，眼前的景象让刘烨和小雯心都凉了一截。不知何时，李大姐居然偷偷地把之前精装的实木地板给拆了！整个客厅乱作一团，灰白色的水泥地裸露在外，显得格外扎眼。看到小雯的父母脸色变得很是难看，刘烨一下子慌了神，马上一个电话打给了李大姐，厉声质问道："李大姐，你做人也太不厚道！把实木地板拆了是什么意思？而且也不跟我们说一声，这不是存心要坑我们钱嘛！"

李大姐好像早就料到刘烨会打电话过来，不慌不忙地说："哎呀，这房子就算没装修过，市面上的价格也要150多万元，已经很划算了，小伙子要知足嘛！"

"之前我们来看房的时候，就是看这精装实木地板弄得不错才买的，现在你拆了，我们还买个啥啊！"不仅房子被搞成这样，还在岳父岳母面前丢了人，刘烨越想越火大，声音也提高了八度。

"哎！话别这么说，我们房屋买卖合同里并没约定实木地板留给你，再说实木地板刚好我有用。"

刘烨看到岳父岳母都望着他，心想不能就这么丢了面子，就心一横，语气更强硬了："不行！现在我们对房子很不满意，我要求解除合同，这房子我们不要了！"

"哎？这哪行！说不要就不要，房产权证过户手续都办了，我是不会同意的。"李大姐听到刘烨要解除合同，当然不乐意。

"那好，你等着！我们法庭上见吧！"

既然话都说出了口，而且还是在岳父岳母面前，为了保持自己的形象，这官司看来是不得不打了。刘烨遂将卖方李大姐告上了法庭，要求解除该套住宅的买卖合同。

但是，毕竟双方签订的房屋买卖合同中并没有约定实木地板留给买方，买方因此提出解除合同的要求是不太合理的，法院遂判决不同意买方刘烨解除合同。

刘烨败了诉，心有不甘。一天，小雯和刘烨在饭桌上偶然提起签合同的事情，小雯突然想起当时签的"阴阳合同"，便对刘烨说："哎，前些日子，我听一个当律师的朋友说，从法律上来说，应该是卖方交税的，当时我们交税完全是因为杭州市场上约定成俗的老规矩，姓李的才是法定纳税人。要不我们去举报那个姓李的，把那份私下里签订的合同拿给税务局，让她受受苦！"

刘烨想了想，觉得似乎有些道理，又想到新房子里的地板被拆的七零八落，着实气不过。咬了咬牙，当即翻出了当时和李大姐私下签的"阴合同"。拿着这份合同，下午两人就来到了税务局，举报李大姐偷税。

刘烨和李大姐签订的"阴阳合同"终于因为他们的矛盾浮出水面。这只是社会上普遍存在的，为了省下部分税款而偷偷签订房屋买卖"阴阳合同"的冰山一角，由此也说明如今房产交易中偷税、漏税的巨大空间。

各地税务机关为了减少类似刘烨和李大姐的"阴阳合同"情况出现，维护国家税收秩序，先后推行房屋交易最低计税价格管理制度，规定纳税人必须按真实成交价格申报纳税，成交价格是计税的依据，纳税人申报的房屋成交价格高于最低计税价格时，按纳税人申报的成交价格征税，当纳税人申报的成交价格低于最低计税价格且无正当理由，按最低计税价格征税。

如果对刘烨和李大姐交易的房屋按最低计税价格管理，假如该套房最低计税价格是 150 万元，即使刘烨和李大姐给税务局提供的"阳合同"上标明的价格是 110 万元，仍然按照 150 万元价格计税。

不过，为了怕购房人提前知道了"底牌"，让想钻空子的人有了参考，按照最低的价格来报税，税务局一般不公开房屋最低计税价格。因为不公布的话，纳税人就不知道该怎么报"阴阳合同"的价格了。一些中介公司，代理二手房过户交税时，一直采用猜的方式，尽量稍高于最低计税价格申报，至于最低计税价到底是多少，一直是个谜。

房屋交易最低计税价格，是税务机关维护税收秩序的利器。但前两年，随着国家房产调控，部分城市房地产业的行情萎靡不振，房价一路下滑，房屋的实际成交价格越来越低，最低计税价格也面临着新挑战。

房价一路下滑，对许多计划购房的人来说是不小的诱惑。赵先生也是其中之一，他观察房价许久，权衡之下决定趁这次房价大跌时赶紧购入房屋。他参加了房屋拍卖，希望用便宜的价格拍下自己心仪的房子。

"恭喜您 300 万元成交价格拍卖下了房子。"拍卖活动结束后，房产拍卖公司的人彬彬有礼地祝贺他，赵先生格外开心。这套房屋地段与格局都非常好，空间宽敞，交通便利。如果是放在前一年，价格差不多要390万元呢。短短一年便"等"到了90万元的差价，赵先生觉得心满意足。

房子已经拍到手了，赵先生急着去办理相关的房产过户手续。当天下午，他喜滋滋地前往税务局缴纳税款，没想到税务局窗口办税人员告诉他，按照系统里显示的最低计税价格，他应该按360万元交税。

什么？赵先生愣了一愣。"我是300万元的价格买的，哪有360万元那么贵。"他疑惑地发问。税务局的工作人员回答道："我不清楚你说的情况，可是我们的系统里显示的最低价格就是360万元，你要按照这个标准交税啊。"赵先生听闻这一说辞，显得有些不开心了："那可能是你们的系统没更新呢？我拍卖下来的价格就是300万元，我为什么要按360万元交钱啊？这没道理啊？"而窗口办税人员再次核对电脑库中的数据，仍显示最低计税价是360万元，露出一脸爱莫能助，无法"通融"的表情，赵先生的火气噌噌噌地冒了上来。

"我拍下来的房子！我自己出的300万元钱我还能不知道吗？你要证据，那我白纸黑字的拍卖成交确认书和合同拿给你们看啊？谁知道你们那破系统出了什么问题，你们的失误还怪我咯?!"赵先生怒意横生，狠狠地拍起了税务局的桌子，砰砰有声，"还说什么'只能按360万元交钱'，老子一分一厘挣的血汗钱，也从不偷税漏税的，凭什么不明不白就要多交？"窗口办税人员吓了一跳，赶紧开口安抚道："先生你先冷静一下，我们收税也是要合法走程序的。你的情况，我们再做商讨。""我不管你们怎么搞，我的房子真实价格就是300万元，要拿什么证据我给什么，反正我理所当然就是按300万元来交税。"赵先生皱紧眉头，硬邦邦地扔出一句话。

窗口办税人员面面相觑，由于赵先生确实有真实的拍卖成交确认书和合同作依据，不可能作假。特事特办，立即向上级领导请示，从设置制度的最终目的考虑，最后按真实成交价格征税。

税务局为了使房屋交易最低计税价格更加科学合理，一直在不懈努力。第一个努力方向就是开发房屋交易计税价自动审核管理系统，实现计算机自动比对房屋信息，自动计算税费等功能，减少税收征管人员在计税价格审核上的自由裁量权，解决计税价格核定标准不一，易受人为因素干扰等问题，保证对计税价格审核的公平、公正。第二个努力方向是如果当纳税人对征收机关核定的计税价格有异议时，可以提出申诉意见，给纳税人说明理由的机会。纳税人有正当理由的，征收机关在进一步审核后，可以按纳税人申报的成交价格征税；也可以征纳双方共同委托第三方对所交易的房屋进行价值重新评估，确定计税价格。但制度设置很难解决税收征收过程中的所有现实困难。

定期定额征收的利与弊

陈德惠律师 ① 是位名律师。1995 年，他开通了中国第一家法律咨询服务热线；1998 年，他开办了中国法律顾问网，并被中华全国律师工作者协会指定为唯一一家法律网站。

陈德惠担任主任的律师事务所作为定期定额征收方式的纳税人，1996 年至 1999 年缴纳税款分别为 3 万元、4 万元、3.3 万元和 3.5 万元。而在此期间陈德惠律师事务所有账外账行为，其应纳税额与营业收入的比例相差甚远。然而，陈德惠律师事务所对其超出定额的应纳税部分却从来没有进行过申报。

2001 年 1 月初，大连警方以涉嫌偷税将陈德惠刑事拘留，2001 年 6 月 5 日，大连市中山区人民法院做出一审判决，称陈德惠及其律师事务所偷税额达 114 万余元，陈德惠及其律师事务所各以偷税罪分别被判处罚金 115 万元，陈德惠本人被判有期徒刑 4 年。陈德惠当庭提出不服判决，上诉到大连市中级人民法院。

庭审期间，陈德惠律师事务所的会计侯晓旭、孙英清，辽宁省长海县税务局驻大连办事处主任李鹏，出庭作证时均认为，陈德惠律师事务所成立以来，一直由长海县税务局核定税款，多年来，税务局对所里的收入一清二楚。因为享有税务局同意的包税政策，在事务所收入多起来以后，确实比申报纳税少缴了税款。

---

① 案例来源：新华网大连 2003 年 1 月 24 日电和《陈德惠律师事务所偷税案全析》。

2001 年 6 月 24 日，中华全国律师协会邀请中国政法大学教授、中国法学会副会长陈光中，中国政法大学教授、中国税法学研究会副会长严振生，中国政法大学教授、中国刑法学研究会副会长梁华仁，北京大学法学院教授储怀植，北京大学法学院教授、中国刑法研究会理事陈兴良，北京大学教授、中国税法学研究会会长刘隆亨，对陈德惠律师及其律师事务所偷税一案进行了论证。6 位著名法律专家在认真阅读了该案起诉书、一审判决书、律师辩护词、《大连市税收征收管理条例》及相关证据材料后认为，陈德惠被判刑缺乏法律依据和足够证据。6 位法律专家的长篇论证意见书，在陈德惠一案进入二审程序后，递交给大连市中级人民法院。专家论证意见认为：

首先，《大连市税收征收管理条例》第四十一条的规定，不能作为认定陈德惠构成偷税罪的法律依据。法律专家认为，一审判决书指出，"被告单位和被告人陈德惠在实施偷税行为时，首先是故意违反了国家及地方性税收法规，并且达到了《刑法》所规定的处罚标准"。这里所说的"地方性税收法规"，是指《大连市税收征收管理条例》第四十一条的规定，即"实行定期定额方式缴纳税款的纳税人，在定期内其应纳税额超过核定税额的百分之三十，不按期申报调整定额的，对其超过核定税额部分的应纳税额按偷税处理"。显然，这是以地方法规作为定罪依据的。刑法是国家的基本法，是定罪量刑的法律依据。刑法第二百零一条偷税罪中，根本没有"违反国家及地方性税收法规"这样的规定。因此，认定偷税罪只能依据刑法的规定，而不能依据其他什么。

其次，被告人的行为不符合刑法第二百零一条偷税罪的特征，认定其构成犯罪，证据明显不足。专家认为，一审判决认定被告人的偷税行为是"采取另立记账凭证、少列收入，或进行虚假的纳税申报"。但从案内有关证据看，这两种行为都不能成立。其一，起诉书和判决书都认定并认可，本案中税务机关对被告律师事务所是按"小型户定额征收办法纳税"。这种征税方式，被告人是不需要建账的。因此，不能将另立记账凭证视为被告人的偷税行为。其二，本案证据表明，历年来被告人除按照税务机关核定的税额和按照税管人员的要求填表申报纳税外，没有实施过其他纳税申报，没有任何证明被告人"进行虚假的纳税申报"的书证或其他证据，这是明显的证据不足。

最后，案内证据不能证明被告人具有偷税的犯罪故意。偷税罪是直接故意犯罪，也是一种欺骗性犯罪。但案内没有陈德惠隐瞒营业收入、故意偷税的证据。

2001年，大连市中级人民法院二审三次开庭审理。2003年1月24日，法院宣判陈德惠无罪，成为中国审判涉税案件的一个著名判例。

本案揭开"定期定额征收"制度的一角，"定期定额征收"是由税务机关对纳税人一定经营时间核定其应纳税收入或所得额和应纳税额，分期征收税款的一种征收方式。

理论上，"定期定额征收"这种征收方式适用于生产、经营规模小，确实没有建账能力，经过主管税务机关审核，可以不设置账簿或者暂缓建账的个体工商户。核定程序是由纳税人先自行申报，再由主管税务机关调查核实情况，经民主评议后，由税务机关核定其一定期间内应纳的各项税额，分期征收。

定期定额管理作为一种税款征收方式，**具有简化管理、降低成本、提高效率的优点**，对保证税款的及时足额入库发挥了重要作用。以我所在的市为例，目前企业纳税人和个体工商户共有25万户，不包括机关领导和后勤人员，一线税务干部少的要面对600多户纳税人，多的要面对2000

多户纳税人，面面俱到的征收管理，有点力不从心。另外，200 家大企业占了全市税收的 80%，而 80% 企业和几乎所有个体工商户交税 1 万元以下，许多小企业和个体工商户对税收的贡献很微小。所以对小规模纳税人实行定期定额征收，有利于税务机关集中精力，对重点企业实现精细化管理，是降低税收成本、提高工作效率的好办法。小规模纳税人也很欢迎定期定额征收，它们可以不必参加所得税汇算清缴，减少记账的费用和麻烦，效益好的小规模纳税人还可以从中取得额外收益。

但是，定期定额征收在实践中，也有许多弊端。以陈德惠律师事务所为案例，明显暴露出定期定额征收的三大问题：

一是定期定额户范围扩大，定额普遍偏低。

实行定期定额的管理户数量庞大，部分不符合定期定额条件的企业也以财务核算不健全的原因或者方便征管为由纳入了核定范围。以陈德惠律师事务所为例，本应有健全的财务管理制度，实行查账征收，却享受个体工商户的定期定额，1996 年至 1999 年定期定额缴纳税款分别为 3 万元、4 万元、3.3 万元和 3.5 万元。而在此期间律师事务所的应纳税额与其营业收入的比例相差甚远，定额明显偏低。

二是定期定额日常税收控管不力，定额调整不及时。

理论上，定期定额户在实行核定征收后，应按规定建立简易账或者复式账，简易核算收支状况，条件具备时改为查账征收，规范管理。纳税人申报的税额不得低于定额，但当实际经营额高于核定标准时，纳税人仍然应该据实申报。税务机关可以通过日常税收控管定期定额户。

实际上，定期定额管理比较重视的是核定环节，日常征管监控中，对于没有建账能力的定期定额户，其实际经营额是否高于定额，以及超过的程度，税务机关很难判断，也没有精力去不断调查他们的收入变化情况。

三是定期定额户超过定额未申报，处罚有难度。

按照 2007 年前的《个体工商户定期定额管理暂行办法》第十五条的规定，定期定额户超过定额的，按实际发生额缴纳税款；低于定额的，按定额缴纳税款。如果超过的比例达到 20% 至 30%，而不及时如实向主管税务机关申报调整定额，则对纳税人按偷税处理。但以上规定中纳税人与税务机关权利义务不对等，破坏纳税人信赖利益，而且偷税主观很难确认。陈德惠律师就是因此被认定偷税，并被追究刑事责任，最后又因此被宣判无罪。

陈德惠律师案后，国家税务总局《关于大连市税务检查中部分涉税问题处理意见的批复》（国税函〔2005〕402 号）规定："三、对于采取定期定额征收方式的纳税人，在税务检查中发现其实际应纳税额大于税务机关核定数额的差额部分，应据实调整定额数，不进行处罚。"这是对《个体工商户定期定额管理暂行办法》第十五条的修正，也是税法公平原则的具体体现。因此，依据现行规定，对定期定额企业超出定额部分未主动申报纳税的，税务部门只能作补税处理，不定偷税不予处罚，违法惩处缺乏力度。

定期定额管理在提高征税效率的同时，会造成部分税款的流失，对其他非定期定额管理的企业而言，也会产生一种在纳税管理上的不公平。如何减少定期定额征收方式的负面作用，我们还需进一步探索。

非法收入征税的是与非

曾经在报纸上看到新闻："国家税务总局表示，对经有关部门审核批准，按规定标准收取的学费、住宿费、课本费、作业本费、伙食费、考试报名费收入免征营业税，但超过规定收费标准的收费以及学校以各种名义收取的赞助费、择校费等超过规定范围的收入，不属于免征营业税的教育劳务收入，一律按规定征税。"

新闻在网络上引起轩然大波。

网友1评论："呜呼！赞助费、择校费本是非法收入，它也要缴税，难道是暗示其合法化了?!"

网友2评论："……这一通知的出台，必定以'听任教育不公平现象愈演愈烈'的壁上观态度，助长其'对我国教育的宗旨进行肆意践踏'!"

网友3评论："对于收取赞助费、择校费的教育机构与部门，该交纳的是'罚款'，而非'税款'!"

网友们的舆论反映了社会多数人的不理解。

但是，当大家接触到身边的现实时，观点往往又改变。

我住的小区附近，在居民住宅的楼下开了几家小餐馆，每天油烟滚滚，楼上的居民苦不堪言。于是有人去环保局投诉，环保局积极行动，取消了这几家小餐馆的环评许可，工商局根据环保局环评结论，要求这几家小餐馆搬离小区，并让它们的工商年检通不过。没想到，工商年检通不过后，几家小餐馆老板一合议，干脆开始无证经营，工商登记、纳税申报都不要了，意图享受无证无照户无拘无束的自由。

如果税务局不上门收税，小餐馆老板们的非法经营带来的非法收入就可以不交税，我相信合法经营的其他餐饮店老板肯定忿忿不平，小区附近的其他居民肯定也忿忿不平。

现在很多人的腰包里揣进了"黑色收入"、"灰色收入"，其来历往往不明，甚至是非法的。那么这就涉及一个非常矛盾的问题：非法收入是否应该课税？

有观点认为，如果行政行为中包含了肯定的意思，那么征收税款的行为相当于肯定了收入的合法性，而这对于非法收入来说，可能被投机者运用成为"非法收入合法化"的手段。但又有观点认为，若非法收入不征税，会让非法者占便宜，甚至引发更大的社会不公问题。

对于上述矛盾纷争，我认为，解决以上争论，首先要将"合法收入"、"违法收入"、"非法收入"、"应税收入"四个概念加以厘清。

"合法收入"、"违法收入"与"非法收入"是一组概念。

"合法收入"是指公民在符合各种法律法规和规章的规定范围内通过生产经营或提供劳务而取得的相关报酬，或是通过其他方式取得相关的收入。这一概念偏重于"符合各种法律法规和规章的规定范围"。

"违法收入"是指严重违反法律规定，法律明确制止甚至构成犯罪的收入，如走私、贪污、盗窃、抢劫、赌博、诈骗等所得，违法收入法律往往明确规定应加以没收或返还。

"非法收入"，也就是收入的获得方式并不能够符合各种法律法规和规章的规定范围，在取得方式和途径上有瑕疵的收入。广义上的"非法收入"应该包含"违法收入"，但狭义上的"非法收入"是指法律未许可但也没有明确制止，不包括"违法收入"的那部分收入。

"应税收入"，则是指纳税人进行生产经营或提供相关劳务而获得的收入或报酬。这些收入或报酬属于税收法律法规规定的应纳税范围，需履行相应的纳税义务。

因此可以看出，"合法收入"、"违法收入"与"非法收入"这一组概念强调的是收入取得的合法性，在合法性这一层面上，公民的收入可以分为合法收入、违法收入和非法收入三类。而"应税收入"强调的是符合税法规定和纳税义务的履行。

中国个人所得税法和企业所得税法上规定的应税收入，从其字面理解，不能直接判断仅限合法收入，向非法收入征税并不与之抵触。

对非法收入进行征税是否会导致或者促使非法收入合法化？

对各种应税行为征收相应税款，并不代表国家行政执法机关对这些行为的合法性做出了法律评价。由于缺乏有效的管理手段和配套法律制度，国家没有能力审查纳税人各项收入的合法性。因此，事实上税务机关的征税行为并没有对应税收入的合法性做出过多的法律评价。例如，很多银行存款本身的来源并不明确，其利息收入也很难当然地就认为是合法收入，事实上不管储户的存款来源是工薪收入，还是贪污受贿收入，存入银行一律征收利息税。如果税务机关一定要对此做出区分，则会耗费过多的税收成本，而且也超越了其工作职责范围。

税收尤其是所得税不能反映税收的来源和真实所有权关系，因而也不能被用作是非法所得的合法化证明。纳税不是洗钱的环节，洗钱是通过入账、转账等会计手段完成的。

对非法收入课税，并不等于对"违法收入"课税，狭义上的"非法收入"是指法律未许可但也没有明确制止，不包括"违法收入"的那部分收入。判断法律明确制止甚至构成犯罪的"违法收入"比"非法收入"要容易，对"违法收入"，法律一般都有没收或返还规定，不列为征税对象，也可以通过法律规定的没收或返还途径，最终不会让实施违法行为者获益。

我们应该意识到，税法属于部门法，它更强调保障国家税收收入，在社会综合管理方面考虑的因素比一般性的经济、社会法规要少一些。"合法收入"、"违法收入"与"非法收入"的判断很复杂，本身就有相当的不确定性，各国法律制度、各个法律部门、不同效力层级的法律规范中的标准各有不同。而法律上也未必对所有收入的状况都进行了是否合法的严格界定，如第三人善意取得财产的性质如何判断，本身就是有争议的。在美国、日本、德国等发达国家，非法收入都被纳入课税范围，承受与合法所得同样的税收负担。因此，如果把判断是否合法这一复杂的概念界定问题引入税收征管领域，将引发一系列的问题，把税收征管大大复杂化。

如果不对非法收入课税，会在社会中引起更大的不公平。众多的合法收入者要承担各种税收负担，为国家财政支出和政府所提供的社会公共产品支付成本；而非法收入者反而没有这种负担，却能够同样享受公共产品，成为公共产品的"搭便车"者。这会使得非法收入的获取者逍遥税法之外，甚至成为激励他们获取非法收入的一种驱动力。在审查和监管能力不足的情况下，非法所得不征税甚至可能导致纳税人将本构成合法收入的现金流入用于非法用途以规避税收，从而对于国家的税收权威性构成了更为严重的后果。

所以，对非法收入征税并没有错。

淘宝拍卖房子的纳税

在电子商务之都杭州，"万能"的淘宝深入到社会生活的方方面面，连法院也通过淘宝进行司法拍卖。淘宝上挂的司法拍卖房产，经常是市价的七折八折，吸引了众多购房者的眼球。你想你在淘宝买个包，省个邮费都觉得赚到了，人家买个房子，一下子就省下来几十万元，当然很受欢迎了。

当然，淘宝司法拍卖价格较低的同时也会存在一些不确定因素，如拍卖的房屋可能权证不齐、原房主欠缴大量的物业费、原住客不肯搬走等。法院竞买公告中通常规定"房屋按现状交付"、"标的物过户登记手续由买受人自行办理，所涉及的一切税、费及可能存在的物业费、水、电等欠费均由买受人承担"。就是说，淘宝房产，买是简单，但是房屋存在的瑕疵买家得自己承受，过户手续得自己办。要不中国古代"一分钱一分货"的俗语怎么能深入人心呢？

张莉是著名投资公司的投资经理，怀里揣着一堆的资格证书，事业有成，家庭美满，俨然"投资家"中的人生赢家。张莉在市中心有一套房，住了很多年，除了小区停车难外几乎没有别的毛病。但就是停车难这个问题，让追求品位、珍惜时间的张莉觉得有些浪费生命，苦于没有更好的选择，所以只好将就着住。

成功的"投资家"都有一个共同的特点，就是善于发现机会。淘宝的房产拍卖项目一经推出，张莉立马觉得这个新业务是自己的新机会，不仅有大量的房源，契合了自己想要换房子的心愿，而且性价比要比中介推荐的高，能增加一个投资机会。

由于多年的投海浮沉，张莉在投资理财方面很有眼光，并不急于下单，而是等待最好机会。2015年年初，多年徘徊的市场房价又下了一个台阶，她终于在淘宝上发现了一个绝佳的房源。房子坐落在离公司不远的小区，面积将近200多平方米，环境清幽，基础设施健全，还都是精装修。而更妙的是自己一个关系十分要好的同事就住在那个小区，她也盛情邀请自己搬过去，以后可以组织家庭聚会，一起出去郊游野餐，孩子还可以一起上学一起玩，光是想想张莉都觉得太完美了。

各种机缘巧合，让张莉意识到自己不能再犹豫了。张莉通过淘宝司法拍卖系统，果断地击败其他竞争对手，以302万元的最高价竞得这一高档房产，比较市场中介推荐的同类房源价格便宜了15%。300多万元购房款对于张莉来说，并不算什么大事。多年投资养成的习惯使然，张莉总是选择用最小的成本取得最大的效益，何况她在证券市场还有很多股票占用了大量资金。于是她先用自己手头的100多万元现金作首付，然后联系了银行，要求按揭70%的房款，不过，银行按揭需要客户提供新房的房产证。

可是办理房产证时张莉遇到了麻烦，房管局工作人员查询了一番过户登记资料后回复说，您这房子交易未交营业税啊，不交税可办不出新房产证。张莉一算，房屋出售涉及营业税要三万多元，心里有点不情愿。就说，"我学过税法，营业税的纳税义务人是卖方，该由原房屋所有权人来交"。工作人员轻轻地说，张女士您别着急，您是可以让原房屋所有权人来交。

张莉一听，马上联系法院，她想让法院帮找原房屋所有权人。法院告诉她："竞买公告已经明确，标的物过户登记手续由买受人自行办理，所涉及的一切税、费及可能存在的物业费、水、电等欠费均由买受人承担"，这事得你自己处理。张莉好不容易自行联系上原房主李女士，可李女士说："我才不愿意卖这房子，我不是卖方，我的房子是被法院强制拍卖的，现在我很多欠债都没还清，哪有钱交税？"

张莉站在李女士租来的临时住房门口，听着李女士如祥林嫂般讲起了自己欠债的悲惨遭遇以及过往的无限风光。看着李女士楚楚可怜的样子，张莉感同身受，知道让原房屋所有权人来交营业税是不可能的事。

可是交不了税，拿不到相关的权属证书，银行的70%按揭眼看就要泡汤了，这可怎么办。火烧火燎的她就大手一挥，把营业税先给交上了，房管局工作人员效率也是极快的，税款一到位，房产证立刻就办下来了。可习惯用最小的成本取得最大效益的张莉越想越不高兴，总觉得自己好像哪里亏了。可3万多元的营业税已经出了，这能怪谁呢，难道怪办证的小伙子按规章办事，还是怪原房主李女士没钱？谁都不能怪，那要回来总成了吧！张莉直接开上车赶到税务局要钱去了！

张莉跑到税务局办税大厅，说明整个事情的经过，称自己不是营业税款以及相关附加税的纳税义务人，自己并没有责任交税，紧接着就要求收取其税款的税务直属分局退还其缴纳的营业税款及相关附加合计31000元。税务局刚开始不清楚原因，后来弄明白了，觉得自己收税没错，这钱要是退了，那税款的窟窿谁堵呢？于是税务机关办事人员毫不犹豫地拒绝了张莉的要求。

张莉当然不肯罢休，在要求不能满足后，她就直接向税务直属分局的上级税务机关申请复议，认为税务直属分局的征税行为违法，张莉的理由是：税法规定营业税纳税义务人为原房产所有人李女士。虽然法院竞买公告中规定"买受人承担的一切税、费"，但这"一切税、费"应指由买受人该承担的一切税、费，我不愿意承担该由出卖人承担的营业税。

现在中介介绍的房产交易中，税、费约定由一方承担，另一方净所得的现象很常见，淘宝司法拍卖竞买公告的本意是什么？我代表复议机关先到组织拍卖的法院了解内情，法院告诉我们，为方便计算和提高效率，本次法院竞买公告中第六条中提到的"一切税、费"应理解为承受方和出让方的所有税费：（1）从文字含义来判断，"一切"即"全部"、"所有"之意，正确的理解应为产生的所有税、费；（2）竞买公告中指明由买受人承担的不仅是一切税、费，还包括可能存在的物业费、水、电等欠费，实际上是扩大了买方的义务范围。所以，税、费方面可以理解为买卖双方的所有税、费。

然后我要求税务直属分局提供张莉缴纳营业税的具体过程和相关细节。税务直属分局书面答复，其收取张莉营业税及相关附加费行为合法，因为税收缴款书上的纳税义务人名称为"李女士"，房地产权属转移纳税申报表（转让方）签章栏上张莉本人签字"代交"，表明税务直属分局认定的营业税及附加的纳税义务人为原房屋所有权人李女士，张莉只是"代交"，张莉缴纳营业税及附加的行为是在其知晓税费承担义务前提下的自愿行为。

税务直属分局的答复，翻译成通俗语言就是：您说您不是纳税人，可是您自己签字说要代交的，我们也没逼您呐；还有，您交钱可是自愿的。

我仔细查看了关键证据：税收缴款书和房地产权属转移纳税申报表。看起来，税务直属分局的纳税义务人认定为"李女士"，张莉只是"代交"，与税法规定并无矛盾。至于张莉代"李女士"缴纳，那可以理解为民事代理活动。如果当事人之间以民事约定转移行政法上的责任，应当认定该约定对外不具有转移行政法上责任的效力，但该约定除去转移行政法上责任的效力后，在当事人之间仍具有民法上的约束力。张莉按照法院竞买公告要求，代原房屋所有权人李女士缴纳营业税及附加的行为是履行竞买成交后的约定义务，与法律不冲突。税务直属分局收取他人代交的税款并不违法，复议决定维持税务直属分局的收税行为。

张莉拿到复议决定书后逐渐冷静下来，她终于意识到，自己熟悉投资，并不熟悉法律，怪自己事前对法院竞买公告理解不够。该花的钱已经花了，好在3万元钱也就一个月的薪水收入，毕竟淘宝司法拍卖的房子比市场同类房源价格便宜了15%，而且群里都在说这房子最近涨价了，看来自己不愧是投资理财高手；想到这，再回头看看自己精装修的房子，各种不开心也就烟消云散了。

多种类型"纳税人"

偷税的 5 岁小孩

"5 岁小孩会偷税?"接到咨询电话时,我的第一反应,也是惊讶。

原来被举报偷税的 5 岁小孩是个小房东,他的租客举报他房屋出租收入不交税。

5 岁小孩怎么成为小房东?这与近年来"小房东"现象愈加普遍,很多家长以未成年孩子名义出面购房有关。

如今,房价过热已经成为很多大中城市共同的诟病,因此很多城市相继被迫出台了相关的买房限购指标,限购令迫使一些比较富裕的人家,由于大人的购房指标已经用完,只能用孩子的名义买房投资理财。

还有很多爷爷奶奶、爸爸妈妈对独生子女溺爱有加,恨不得掏心掏肺把自己所有的东西都给他。因此一些年纪较大的长辈就会过早地给膝下年幼的子女购置房产,早早地为小孩未来的人生做好规划。

甚至有老人想到,以后可能实行遗产税。也就是说,将来当孩子继承自己的某套或多套房子时,需要交一定额度的遗产税。因此,趁现在相关遗产税收还未出台,趁早把房子过户给孩子,以此避免到时候多缴本可不缴的税费。

以上这么多的原因导致了很多小孩名下坐拥房产,但是由于孩子年纪过小,大多由父母代为管理。于是,很多闲置房被出租,这些孩子也理所当然地成为"小房东"。

　　这次我们5岁小孩"小房东"的法律纠纷是和一名租到了"小房东"房子的租客发生的。租期快到，租客准备续租，可没想到小房东的父母（小房东的法定监护人）通知说租金由原来的每年5万元涨至7万元。租客是一名刚毕业没多久的大学生，2万元的提价对他来说实在承受不起，因此提出不满。但是房东坚决要求提价，并表示，若付不起房租就搬走。租客没办法，但是一时又找不到合适的租房，怎么办呢？

　　租客决心暂时不搬走，小房东的父母急了，就叫来师傅把门锁换了……租客一怒之下就去税务局，把房东收租不交税的情况给举报了。

　　税务局调查情况后才发现，该出租房的房产证上的房东是个5岁小孩，而被举报人（孩子）的父亲，是管理出租房的代理人。问题该如何解决呢？

　　任何公民只要发生应纳税行为，就有纳税的义务，纳税义务人没有年龄的限制，5岁的孩子作为出租房的房东，也应纳税。但作为税务行政处罚对象的自然人，有年龄的限制，必须具有行为能力，具有对自己的行为独立承担责任的资格和能力。自然人的行为能力是以年龄与智力为标准进行界定的。

　　自然人的行为能力根据《民法总则》（2017年10月1日施行）可以分为以下三种：

　　1.完全行为能力人：是指十八周岁以上的、具备了独立承担法律责任能力的成年人。

　　2.限制行为能力人：是指已满八周岁不满十八周岁的人，以及不能完全辨认自己行为的精神病人，只能承担与其年龄和行为控制能力相适应的法律责任。

　　3.无行为能力人：是指仅具有权利能力，但无法辨认自己的行为及其后果，不能独立承担行政法律责任的人，包括不满八周岁的人以及精神病人。

新的《民法总则》规定，未成年人的父母是未成年人的监护人，无行为能力人超过其行为能力的民事活动，由其监护人代理。造成他人损害的，监护人承担民事责任。

在税法上，纳税义务并不以责任能力为前提，5岁小孩可以是纳税人。但5岁的纳税人没有行为能力，不能认识自己的行为，对自己的行为没有选择余地，没有承担责任能力。这种情况下对无责任能力的小孩行政处罚，既不公平也没有任何意义。所以可以要求5岁小孩的父亲，代"小房东"缴纳税费，但不能就出租过程中发生的税收违法行为处罚孩子。

中国特色的个体工商户

龙翔服饰城是个热闹的地方。大市场里有许许多多的小摊贩，租一个小摊位，就可以把生意张罗起来了。小本生意价格挺实惠，来来往往的顾客一向不少。

殷老板是一个普通的个体工商户。他在龙翔服饰城有一摊位，进货卖货地倒腾了一段时间，虽然不至于亏本，但由于淘宝的冲击，卖服装的盈利并不理想。后来，殷老板就琢磨着把龙翔服饰城的摊位转让出去，转行做另外的生意。摊位转让广告打出后没几天就有人来联系他，两人见面谈妥了摊位的转让费之后，便签下了转让合同，殷老板爽快地把摊位转给了人家。

新老商户在交接摊位的时候，两人都忘了提及个体工商户工商营业执照和税务登记证的注销和新办事宜。这些平时摆摊卖卖衣服，一手交钱一手交货的摊主也不太把营业执照当回事儿，而且办理也很费时间。新摊子就在新主人的操劳下，开始了新的买卖。

附近的大学城里常常有人来龙翔服饰城逛，淘淘便宜的好货。有一天有两个大学女生前来买衣服，这两个女生很快看中几件喜欢的衣服，在摊前不便试穿，她们拿着在身上比划了几下，也就买下了。而第二天，她们俩拎着装衣服的袋子，又来到了这个摊位跟前："老板，我们昨天买回去的衣服不合身，想来退货。"摊主看了看她们手里的衣服，解释说："我们的衣服卖出去了就不能退了，你们都穿过了，我们怎么再卖？""可是我们根本没法穿呀，就试穿上过一次身，为什么就不能退了？"两位女生也不服气。"店里就是这个规矩，上面都写着呢。"摊主指了指摊位里挂着的一张硬纸牌子——"一经售出，概不退换"。但是女生们说，这摊位上根本没法试衣服，也只能大致估摸一下大小，回去后才发现根本不合适，坚持要让老板退货。摊主却一口咬定，卖出去的衣服不退不换都已经是老规矩了。

摊主与女生们都不肯让步，双方争执不下。女生们见一时拿不回钱，一气之下投诉了这家摊位欺骗消费者。然而在对于这个摊位的调查中，由于摊位卖衣服给女生时照例没开发票，"欺骗消费者"的名目尚未坐实，税务局却发现了这个摊位的发票违法行为——这些小摊习惯做的也都是些"快餐"生意，摊主和顾客都没什么要开发票收发票的意识，一桩买卖交钱拿货就完成了。

税务局要惩治这个摊位的发票违法行为，调出了这个摊位的相关资料，但是经过比对发现，这家摊位当前在用的是个体工商户工商营业执照，营业执照和税务登记证与实际的经营人并不符合，执照是殷老板当初办理的，而现在接手摊位的这家新商户，没有去办理过自己的营业执照。

税务局的工作人员处罚前，面对两个问题：

一是个体工商户是个人还是单位？

《行政处罚法》规定，被处罚对象须区分"个人"或"单位"，两者行政处罚程序和被处罚人的权利保障有很大差别。由于个体工商户可以起"字号"，甚至有自己的佣工，与企业法人很相似，有些税务机关把他们视同企业，作为"单位"处罚。

二是在现有的工商营业执照的持有人和实际经营者之中，应当依法对谁进行处罚，成为另一个棘手的难题。

个体工商户是中国特色的产物，它在日常经营中和企业法人很相似。可以起"字号"，甚至有自己的佣工，因而它不是真正意义上的个人，但在法律意义上，又不等同于法人。为什么中国会出现个体工商户这一事物，可能是200年前马克思在《资本论》中下过结论，把是否达到雇工8人作为划分私营经济和个体经济的标准，从意识形态角度解读了个体经济及私营经济，是剥削与非剥削的区别。改革开放初期，中国特色社会主义在发展经济中争论姓"资"姓"社"，个体工商户的概念，可以避开政治错误的危险。

解决上述两问题的难度在于它们在税收法律制度中没有规定，找不到标准答案。作为政府公职律师，要融会贯通不同的法律部门。税收法律中找不到规定，可以到其他行政部门法律中找；其他行政部门法律中找不到规定，可以到民事、刑事、诉讼法律中找；法律中找不到规定，可以到相应司法解释中找。

处罚个体工商户时，正确的做法应把它们作为"个人"，理由是虽然《税收征管法》没有明确"个人"是否包括个体工商户、个人合伙。但民法的民事主体中，"公民"包括个体工商户、个人合伙，其公民的外延应该和《行政处罚法》中的"公民（自然人）"、《税收征管法》中的"个人"
存在逻辑的连贯性。最高人民法院《关于贯彻执行〈中华人民共和国民法
通则〉若干问题的意见（试行）》（法（办）发〔1988〕6号）第四十一条
规定，"起字号的个体工商户，……应当以其营业执照上登记的户主（业主）
作为诉讼当事人……"

个体工商户营业执照上登记的业主与实际经营者不一致的情况。高法
《关于适用〈中华人民共和国民事诉讼法〉若干问题的意见》（法释〔2015〕
5号）第五十九条规定，"个体工商户……营业执照上登记的经营者与实
际经营者不一致的，以登记的经营者和实际经营者为共同诉讼人"。按此
精神，在行政管理活动中如对当事人实施行政处罚时遇此情形的，也应以
个体营业执照上登记的经营者与实际经营者为共同当事人。

企业工商登记注销的后果

曾经村办集体企业很流行，光明电子厂就属于这类企业，名义上由村
集体筹办，实际上是村里几个能人在操持。光明电子厂的厂长是个大能
人，他自己早年零零碎碎做过些生意，懂得商场上的一些人情世故，脑子
转得快，嘴巴也非常能说。他又很会用人，知道村里哪几个适合在车间搞
精细活，哪几个适合到外面去跑销售，哪几个适合做做账理理财，把许多
事儿安排得井井有条。外加厂子里的都是乡里乡亲，知根知底，大家相处
得都不错，在厂长的领导下，电子厂一方面能够接下许多很有分量的订
单，另一方面交单的效率和质量也是没话说。久而久之，村里这家电子厂
在外打出了名声，找他们来签单的客户越来越多，甚至有些海外的客户
也慕名而来。光明电子厂生意红红火火的，在多次扩建之后，也已颇具

规模。

十几年过去了，光明电子厂继续发展，但是内部已经暴露出了一些隐藏着的问题——先是光明电子厂的税收，一直不太规范，创业阶段想少缴些税，多留点积累。日积月累后，税收问题像滚雪球一般，让厂长都睡不着觉了。再者就是厂子里大家干活的劲头越来越小。厂子确实发展了，村民们也一户户地富裕起来了。但最初的新鲜感和共同致富的动力已经消退得所剩无几，村办企业当时承诺的"厂子是大家的，利润也是大家的"，现在已经发挥不出原本的作用了。没有按劳界定的分红，老板和员工都得不到激励，工作缺乏动力。

厂长苦思冥想着能让电子厂恢复"活力"，也能增加自己的回报。"照现在这样下去，税务问题迟早要暴露，大家的工作也在慢慢懈怠下来。厂子在集体企业这条路上越走越窄了，没什么发展前途，是不是要考虑改改咱们经营的模式了？"电子厂的领导层针对厂里的现状，多次聚在一起商量对策。后来经过多方权衡，最终决定将光明电子厂由村办集体企业转制为私营企业。这样的话，厂里的领导层和骨干员工分别成为大股东和小股东，可以激励大家的工作积极性。并且，厂长更想通过这样的方式，把之前厂里税收不规范的问题一笔勾销，免得日后还要重翻以前的"烂账"。

在办理电子厂转制的时候，厂长为了留住那些有了长期业务往来的老客户，同时也为了安抚好一起工作十余年的村民们，便告诉电子厂里的员工："咱们的厂子啊，转制了之后，除了从集体企业变成私营企业之外，其他的原来怎么样，转制了还是怎么样。我作为原来厂里的法定代表人当个大股东，大家也都成为小股东，还是和之前没什么差别，大家一起撑起这厂子。"

听说光明电子厂要进行转制，的确有些老客户打电话来询问情况：

"厂子是要转制啦？那以后厂子是要换老板了吗？我们在你们那儿的长期合作的订单之后还算不算啦？"……厂长忙不迭地一一回应着："一样，一样，就是厂子转了个制度，激励激励员工们办事儿，其他的东西呀，都没变！"为了使电子厂的变化尽量小，厂长还广而告之那些老客户们：老的光明电子厂注销之后，将在工商局登记成立同样名字的新光明电子厂。

在做完各个方面的准备后，作为集体性质的光明电子厂正式被注销了。厂长同步办理了新光明电子厂的一系列登记手续，作为私营企业的新光明电子厂成功设立。在工商局做注销登记的时候，明确原企业的人员、设备、物资、债权债务等全部由私营企业即新光明电子厂承受。新光明电子厂也算是兑现了对老客户和员工们的承诺。

老光明电子厂注销前，税务局已经发现其有许多业务收入既不记入销售收入，也未申报纳税，涉嫌"偷税"30多万元。税务局下达处罚决定并送达，要求其补缴税款及其滞纳金时，才发现原集体性质的光明电子厂已经被注销，此光明已非彼光明。

新光明拒绝履行老光明的纳税义务，有三个理由：

第一，新光明与老光明是两个完全不同的企业和纳税人。

第二，新光明于老光明注销后新成立，没有也不可能去实施所谓的违法行为。

第三，新光明承担老光明的税收行政责任，于法无据。新光明不是本案税收行政法律关系中的纳税人和行政相对人；老光明被注销后，新光明承担的是民事责任，而不是行政责任。

按照民法、公司法中的企业法人制度，企业工商登记注销后，意味着原民事主体消灭、民事权利能力终止。法人资格消亡的有限责任公司，它已不具备民事主体资格，由于纳税人主体资格依赖于民事主体存在，所以也不具备征管法规定的纳税人主体资格，不宜再进行税务行政处罚和处理。而且对工商登记注销后的企业再进行处罚和处理，实际操作中有许多困难，比如：

税务法律文书的被送达人和签收人如何确定；

如何按照行政处罚法对被处罚人进行告知；

让谁享受陈述、申辩和提起复议的权利；

处罚和处理生效后对谁的财产采取强制执行措施；

……

虽然从道义上说，新光明是老光明的延续，应该承担老光明的税收行政责任。但行政行为必须具有合法性，行政执法不能仅仅考虑道义，而应该有充分法律依据。

企业工商登记注销前，民事权利义务可以约定由他人承受，但这仅指民事权利义务，民事责任承担可随权利义务关系的变更而变更。而属企业自身应负的行政责任，不能转移他人承担。本案中，不分新、老光明，不讲任何理由，要求新光明不仅承受老光明的民事责任，还要承受老光明偷税的行政责任，得不到法律支持。

也许有熟悉税务工作的朋友会问，税务部门也有税务注销登记，它的注销法律后果和工商一样吗？

税务注销登记和工商注销登记不同，税务登记是为了税务管理便利，不涉及主体资格，税务登记不是纳税义务的前提，只要被追缴的单位工商未注销，主体还在就可以追缴税款。

由于企业工商登记注销事关重大，所以税收征收管理法和其实施细则规定：从事生产、经营的纳税人，在向工商行政管理机关申请办理注销登记之前，要先办理注销税务登记手续。纳税人在办理注销税务登记前，应当向税务机关结清应纳税款、滞纳金罚款，缴销发票、税务登记证件和其他税务证件。

只有税务部门和工商部门密切合作，共同审核把关，才能防止少数单位趁工商登记注销之机逃避缴纳税款。

不能让非法设立的单位无人承担责任

江夕照的朋友们都知道，前两年江夕照注册了一家公司，自己当起了老板。在朋友们眼里，这家公司经营得非常好，江夕照赚了个盆满钵满，令人无比艳羡。但至于这家公司，除了知道它名叫"慧星电视公司"以外，几乎所有人都不知道这家公司具体的业务和规模。"应该是做些与电视网络和节目相关的东西吧，说不定涉及了人家的商业机密，就不要多问了。"

但朋友们不知道的是，这家看起来盈利丰厚的公司，实际上却只是一个空壳——江夕照注册这家公司的目的，就是去税务局拿发票，然后偷偷联系一些"客户"，虚开发票给他们，以此牟取非法利益。

不过虽然江夕照做事一向小心翼翼，发票虚开得多了，也总是会留下些蛛丝马迹。有一天，有个与江夕照"长期合作"的"老客户"出了点意外，他的账目遭到税务人员的清查，虚开发票的证据自然是一下就被抖搂出来了。其中江夕照为他开的那些发票占了很大一部分。顺藤摸瓜，税务人员轻松查到了"慧星电视公司"的头上，很快便发现了这个空有企业名衔的"发票机器"。"你这家公司这样子是违法的，严重一点还要构成犯罪。"税务人员调查时显得挺严肃，"公司再不能这样办了。""好的，好的。"江夕照面对眼前的确凿证据，不得不老实了许多。这次"东窗事发"，显示"慧星电视公司"在长期从事非法经营，税务局联系工商部门，依法吊销了"慧星电视公司"的工商营业执照。考虑到江夕照这次是"初犯"，被发现的涉案金额暂时还不算巨大，也没有再追究刑事责任。

然而，没有了营业执照的江夕照依旧安分不下来，这条"来钱快"的路子诱惑太大，让他舍不得放弃。他私下重新联系了以前认识的"客户"，隐瞒下自己的公司已经没有执照的事实。用手头之前留下的发票继续为人家虚开。"上次的事情没什么影响啦，风头么，避一避就好了。老板你别担心。"对于一些对之前税务局查处的事情有所耳闻的人，江夕照就这么安抚他们。慢慢地，他的"生意"又回到了原先的"轨道"。

没过多久，江夕照又遇到了麻烦，自己的公司营业执照被吊销，自然无法去税务局拿到新发票，之前的一些"老本"也很快用完了。思来想去，为了维持对自己"客户"发票的供应，江夕照决定去以前的关联公司"借"一点发票，甚至买点发票来开。而且仍然用被吊销了的"慧星电视公司"名义活动。

常在河边走，哪有不湿鞋。江夕照"重操旧业"的滋润日子没过多久，在公安和税务联合打击虚假发票的专项活动中，江夕照被抓获了。

案情不复杂，关键是"慧星电视公司"是被工商部门吊销后，江夕照继续用它的名义活动，行政机关处罚对象是单位"慧星电视公司"，还是个人江夕照？

表面上看，是"慧星电视公司"在违法活动，但"慧星电视公司"营业执照已被吊销，是非法设立的"单位"。由于在民法上不承认非法设立的"慧星电视公司"民事主体资格，在税务方面也不应该把该"单位"作为纳税主体，也不宜作为税务行政处罚对象，否则等同于认可其合法性。如把个人私下设立的非法单位作为被处罚对象，由于该单位实际不存在，处罚措施无法落实，甚至会成为个人逃避法律责任的保护伞。

对非法设立的"单位"进行处罚程序上也行不通，比如：税务法律文书送达时被送达人和签收人难以确定；被送达人会没有公章或使用非法的签章；非法设立的"单位"无法以自己的名义享受陈述、申辩和提起复议的权利。

非法设立的单位，应该把该"单位"的活动视为该单位设立人活动，对设立人进行处罚就能解决逻辑的难题，如本案就直接处罚江夕照。

设立中公司的纳税义务人

老王、老赵、老于三人是好友，打算共同合办一个超市，取名为"新兴商贸百货公司"，三人先是为公司草拟了一份公司章程，约定三人均为公司股东，每人出资 350 万元，筹备阶段先各出 150 万元，其余投资款后期再跟进。为了运作方便，三人还设立了"新兴商贸百货公司"的"临时董事会"，进行了分工：老王腿勤，负责寻找适合的场地，并谈妥场地出租的相关事宜；老赵在政府机关朋友多，就负责办理工商、税务等注册登记手续；老于认识的商界朋友多，就先去谈谈生意，拉拢大客户，以及负责公司初期的进货工作。

老王动作快，用"新兴商贸百货公司"名义，以一年 150 万元的价格租到了 3000 平方米的场地。老王迫不及待地把这个好消息告诉了两位合伙人，老赵和老于听到场地的事情落实了，直夸老王能干，硬是向他敬了好几杯酒。酒足饭饱之后，老王拍着肚子说："现在我的任务算是基本完成了，你们进行得怎么样了？"

"我办事，你放心！前几天我已经去工商局了解情况了，你们也知道的，注册登记总得要一段时间，我早些把章程和报告递上去，审批一下来我这边也就完事儿了！"老赵拍了拍两个人的肩膀，让他们别担心。

"老于，你那边呢？"见老于迟迟没声儿，两个人都看向他。

"没问题，我后天就去广东谈生意低价进些货，到时候你们就等着我的好消息吧！"见老于一脸肯定，两个人都放下了心。之后三人又商量了许多细节事项，才各自散去。

不知不觉七八天过去，按理说老于去了广东也该回来了，可到现在一点消息也没有，这让老王有些坐不住了。于是，他拨通了老于的手机，才惊讶地发现他的手机已经停机了！老王只好联系老赵，想问问他知不知道老于的情况。

"我也联系不到老于！前几天打他电话还是不在服务区，我以为他还在广东，也就没多想。谁知今天再打居然停机了！"老赵也不禁担心起来，"老王，你说他怎么回事啊……要不我们今天去他家里问问？"

"好吧，只能这样了。"老王挂了电话，更加不安了。

晚上，两个人一起来到了老于的家。敲门敲了好久，老于的妻子阿丽才开了门，看到是他们两人，脸色变了变，有些不知所措。

"阿丽姐，老于呢？不在家吗？我们两人都联系不到他，所以来家里看看他。"两人忙问道。

"他…出去了……"阿丽有点吞吞吐吐，似乎有难言之隐。

老王和老赵都看出来阿丽的不对劲，一再追问下，阿丽终于说出了实情：原来前几天，老于确实去了广东谈生意。谈完生意顺便去澳门赌场玩玩，可一到赌场，老于居然赌上了瘾，赌资越下越大，一晚就输了近200

万元。看到输了这么大数目，一下子把老于吓醒了。但后悔已经于事无补，老于输光了家底，也就没钱再支付超市后期的200万元资金，哪还有脸去见老王、老赵，所以换了手机卡，先回避一下。

此事犹如晴天霹雳，一下子让老王和老赵泄了气。但事已至此，还怎么挽回呢？老于现在找不到人，"新兴商贸百货公司"的合作计划由此被全部打乱。

"临时董事会"虽表面上仍在运转，但实则已无进展。老赵早已没了心思去继续办理公司的注册登记手续。但是，老王手里3000平方米的场地已经租下来了，眼看时间一天天过去，场地空在那里也是浪费，为了减少租金的损失，不得已之下，老王只好用"新兴商贸百货公司"名义，把其中2000平方米的场地以年租120万元的价格分租给他人。因此，"新兴商贸百货公司"还未经工商登记成立，却已经开始有了租金收益。

120万元的租金收益纳税人是谁？

税法上并没有明确此类情况。

按照公司法，设立中的公司是指从公司的设立合同（章程）的订立生效开始，至在工商登记部门获准登记成立时止，以取得法人资格为目的，但尚未取得法人资格的过渡型组织。从实际状态看，其已具备未来公司的基本形态，但从法律角度观察，由于其未履行登记，还未取得法人资格，还不是公司，故其为一种特殊的组织形态。"新兴商贸百货公司"属于典型的设立中公司。

公司设立完成，意味着公司自此取得法律人格，可在注册登记的经营范围内依法开展生产经营活动。那么，公司发起人以设立中公司名义对外从事公司设立必要交易行为时，其行为法律后果可以由成立后的公司直接承担。

如果公司未能成功设立，失去了由成立的公司对该交易行为进行接收的可能性，发起人代表公司所为的行为也因此转化为了发起人的个人行为，发起人对由此产生的民事责任承担连带责任。

所以，"新兴商贸百货公司"如果最后不能正式成立，120万元租金收益的纳税人应该是发起人老王、老赵、老于三人。

第 四 章

艰难的信息公开

　　政府信息，从遮遮掩掩到公开透明，是行政法治建设的重大进步。信息公开，是民众监督政府依法行政、维护自身权益的重要途径。但政府信息公开的实际操作远比理论复杂，在信息公开工作中出现的许多法律争议，表面上是民众对信息公开的不满，根源却往往在信息公开之外，还频繁出现申请人滥用权利，甚至损害第三人的现象。

矛盾根源多在信息公开之外

在信息公开条例刚刚实施的 2008 年，我就遇到了一件信息公开的诉讼。在法院门口，我看到原告许老先生，他瘦削的身子上穿着中山装，一手抱着厚厚的法规全书，一手镇定地推了推自己的老花镜，停下来仰望了一眼法院大门上的国徽，便不再旁顾，用铿锵有力的步伐登上 36 级台阶。

我对这起案件产生了浓浓的兴趣，不仅仅因为它是我遇到的第一起信息公开案件，也因为我想了解这个在村子里做了几十年会计的老先生，为什么要和政府来一场信息公开的官司。于是我在法官的帮助下，在庭外约谈这位六十多岁不肯服输的老先生。法庭之外的他，脸上的花镜衬托出乡村知识分子的气质，隔着办公桌也能感觉到他内在的沧桑和强烈的自尊。我递上一杯清茶，他啜着，一开始不说话，那副表情似乎是把我直接划入了敌对的一方。我只好一边琢磨着他的内心，一边在闲聊中试图了解事情的来龙去脉。东拉西扯的没一会儿聊开了，许老先生对我的敌意逐渐减少，其实他不端着的时候，更像一个喜欢倾诉的邻家老人。

许老先生讲起申请信息公开的原因，满是愤懑不平的脸上因气愤而静脉曲张，眼珠和面皮胀成一样的猪肝色，整个人似乎马上就要燃烧起来。看来一肚子的怨气似乎已经在翻江倒海，不吐不快了。我淡定地放下了手中的茶杯，认真地倾听。

据眼前这位激动的当事人说，自己来要求信息公开是因为自家的房子被强制拆迁。其实他家房子很大，主体建筑有房产证的约 300 平方米，主体周边还有无房产证的 700 多平方米附属建筑，但是现在这 700 多平方米，未经过老人同意，作为违章建筑被拆了，所以他非常生气，一拍桌子表示愤怒之情已经不足以用语言来形容，"这官司我是一定要打的。"那个瘦削的老人坚定不移地对我说。

我连忙点头说，我明白我明白。老人这才开始给我讲事情发生的经过，老人的家在美丽、富裕而又宁静的杭州城郊，不远处是闻名华东的四季青服装市场，多余房子出租就可以获得一笔丰厚的收入。如果什么事情都不发生，老人将在杭州这样一个慢悠悠的城市郊区慢悠悠地任时光花白头发，每天喝茶、棋牌、散步，以一种富裕、宁静的姿态祥和地准备安度晚年，过着幸福的夕阳红生活。

然而城市发展太快了，宁静的生活被城市的扩张打破。本来旧城改造，像许老先生这样在城郊居住了几十年的老人来说，也算是一件值得欣慰的事，他固然是留恋自己昔日的家园，却也高兴于能看到自己的老家焕发新面貌。但是老人不能接受政府的拆迁安置政策，他拒绝签订自愿拆迁协议，一方面是对离开自己居住了几十年，倾尽心血的故居的不舍；另一方面也因为同样属于自己，自己同样费了很多心思的700多平方米附属建筑，因为没有房产证而拿不到赔偿的不甘。老人的倔脾气总是随着年纪而增长，他不肯低头不愿妥协，一直和政府耗着，政府派来谈判的人无数次都是铩羽而归。终于，政府的耐心被磨尽了，他们开始依照相关法律依据，决定对许老先生和当时仅剩的另一户人家直接强制拆迁。

这是普通的一天，独自在家的老先生听到家外传来了阵阵喧闹声，接着迎来了黑压压的一群不速之客。前面的一百五十多名武警穿着黑色的防弹衣，戴着头盔，用一人高的盾牌挡在前面开路，后面随着挖掘机、推土机、工程车，再后面还跟着城管、建设、街道干部，以及一群不认识的西装革履的人物，更远处还有尾随着看热闹的许许多多围观群众。这样的场面极大地震慑了文弱的老人。片刻工夫，站在门口明白发生什么，曾经表示誓不低头的许老先生便被没有商量地强行架离这个自己居住了多年的老宅子，然后被迫站得远远地眼睁睁地看着自己心爱的房子，随着挖掘机规律地上上下下，推土机缓慢地开进开出，老人的家被一寸寸地铲倒、碾碎，直到砸成一滩尘土。整个过程快速而干净利落，没有给老人一点准备和缓冲，老先生一个绝望便腿软地瘫坐在地上。

平时在村里很受人尊重的老人，感觉到自尊心极大地被伤害了，而经济上的损失更为惨重。老人一辈子经营的生活，安土重迁的思想，安享晚年的心愿全部破碎。讲到这里时，我发现老人浑浊的眼眸里压制着悲伤，一颗泪珠在眼眶里打了几滚，最终却没有流下来。我想我可以想象到那种感觉，换作是我，一样很难接受。可是老人那种切身的悲痛，我是无论如何设身处地都无法感受完全的，我想我能理解这个老人的不肯低头和孤注一掷了，虽然他的做法看起来像是一种身处绝望又没有子弹时的愚蠢肉搏。

说到这里，我明白老人与政府的矛盾起因于被强制拆迁。

类似的情形，后续大多是被拆迁人自认倒霉，然后将剩下的生命用于祥林嫂一般的絮絮叨叨，向所有认识的不认识的人讲着自己的悲惨遭遇。或许更加激烈一点，用上访、静坐、大字报，甚至伤害自己的方式来表示对政府的愤恨。可是许老先生却不是一个普通村民，他任村干部几十年，也算跟政府沾边，算得上是一个农村里有见识有文化的人。面对政府的强拆，老先生感到自己的尊严遭到了践踏，甚至觉得自己晚年的幸福感全部被政府剥夺。老人越想越觉得是可忍孰不可忍，越想越觉得这是自己晚年最大的一件事，最终决定用自己认为最神圣的法律来斗争到底。

不得不说，即使是肉搏，许老先生也是一个懂得将敌人的伤害达到最大化的老兵。他在那一段时间里，每天研读法律几乎自学成才，翻阅了大大小小的法律书籍，咨询了很多律师，做了十足的准备。然后万事俱备后，一边一纸诉状将政府强拆行为告上了法庭，另一边把反抗的矛头直指拆迁指挥部。老先生年纪虽大，但头脑异常清晰，知道政府强制拆迁是有法律依据的，直接诉讼很难赢，他侧面出击，同时向税务局、公安消防部门、建设局、规划局要求公开拆迁指挥部可能违法的信息。尤其希望从税务局获得拆迁指挥部交纳城镇土地使用税的信息，他想要用这样的方法从中挖掘拆迁指挥部的偷漏税信息，进而用举报拆迁指挥部的方式达到报复的目的。许老先生的这个维权方式可不简单，避实就虚，直接测试政府法制中比较薄弱的新制度——政府信息公开制度。

这里便涉及一个法律常识，凡是被要求信息公开的政府机关有必须予以回复的义务，不论信息存在与否，都要给信息公开申请人一个明确的回复。如果没有按时回复，那么这个政府机关就算违法了，原告有权利向上级复议机关申请复议或是提起诉讼。在许老先生追踪信息公开的进程中，消防部门很遗憾地做了炮灰，他们没有及时回复以至于被老先生抓住了把柄，并被上级责令纠正错误。当然让消防部门败诉并不是许老先生的本身意图，他的初衷就是要调查拆迁指挥部。

消防部门的这个疏忽却引起了其他政府部门对信息公开工作的重视，税务局信息公开部门主管找到住在儿子家的许老先生进行沟通，但是却遭到了闭门羹。倔强的老先生别说沟通，连门都拒绝开，也许老先生想着，你们总不能再拆一栋房子进门吧。老人站在二楼窗户口，对着楼下无可奈何的工作人员大吼，我不要和你们沟通信息公开的事，我是针对政府拆迁的，拆迁的事你们向政府领导反映。你们知道他们拆了我的房子对我精神造成多大的痛苦，经济造成多大的损失吗？我说有上千万都丝毫不夸张，你们走吧，我不会善罢甘休的。就这样，这件因强拆而起的事件，却让老先生开始在信息公开这条路上与政府展开了不懈的斗争，也放大了信息公开这项制度的影响。

沟通的失败，意味着政府必须对许老先生有一个明确的信息公开回复，于是税务局的业务主管部门只好忙碌起来，根据老人的要求，大家开始查阅档案、公文处理系统等各种可能提供信息的记录，可是经过一番翻箱倒柜，找到的结果只有一个——信息不存在。但是老先生对政府不信任，一纸信息不存在难以让他相信，业务主管部门试图对他解释税收政策：拆迁指挥部未交城镇土地使用税，是因为拆迁后重建的是安置房，可以比照经济适用房政策，暂不征收城镇土地使用税。减轻拆迁指挥部的税负，是为了拆迁户的利益，能让更多拆迁户住上便宜一些的房子。所以许老先生所要求的税务信息，便自然而然地不存在。

但是老先生对政府严重不信任，觉得信息是政府部门在保管，有无查找的过程他看不到，税务部门的解释说服不了他。他说这都是政府的借口，只要提供不出拆迁指挥部不用交税的法律依据，就可能是有意隐瞒，自己不会接受"信息不存在"的结果。老先生稍作思考便向上级复议机关提出复议，但是复议机关认为信息确实是不存在，按照信息公开条例的规定，信息不存在是种客观事实，只要给信息公开申请人一个明确的"信息不存在"回复，就履行了政府信息公开义务。虽然这一切在政府看来都合情合理，可是老先生对这样的结果仍是极其的不满，于是老先生就把税务局告上了法庭。

六十多岁的许老先生精神矍铄，走起路来大气不喘，爬起北高峰来比年轻人快上一倍。他是个能赶得上时代潮流的人，自从和政府较上劲后，自学网络技术，他加入了一个杭州拆迁户自己建立的 QQ 群，在群里和一群拆迁户一起经常对政府口诛笔伐，好不解气。

听说许老先生要打官司了，群里的朋友显得异常积极，大家开始群策群力，各出奇招，一群老拆迁户居然还组织了几次见面交流。得知许老先生的行政诉讼开庭时间后，拆迁户们纷纷表示要前往助阵，以出庭旁听的身份，对老人表示支持。最终老人带着同是被拆迁户的八十余人，浩浩荡荡一行人挤进了法院的审判大厅。老先生带来的听审团显然是老先生同一个拆迁战壕的资深战友，壮大了老先生的气势。整个庭审过程中，旁听的他们表现振奋而积极，只要老先生一开口，他们势必点头、附和，似乎老人真理在握举着正义大旗。但凡政府代理人讲什么，旁听的战友们必定表现出不服和不相信，指指点点，嘘声一片。他们将所有的情感变化全部写在了脸上，并有意无意地干扰着庭审秩序。

虽然许老先生并非法律专业出身，也没请专业律师，但他口才本就不错，加上内心的不平使然，庭上的他声音洪亮、言辞犀利，台下旁听的拆迁户用生动的表情为之喝彩，成为拆迁户心目中的法庭英雄。如果许老先生年轻时受过系统的法律教育，我相信他会是个优秀的律师。然而，专业的法律知识他并不熟悉，他反复地质疑拆迁行为的合法性，甚至引用穷人的房子"风能进，雨能进，国王不能进"这句英国法律谚语，强调私有财产的不可侵犯性；还质疑安置房可以免交土地使用税这个说法的法律依据。但是税务局的答辩思路是就案论案，围绕信息公开展开，把信息公开是否合法的关键放在了信息是否存在，程序是否到位上。所以此刻对簿公堂的双方，争议的焦点不是同一个，老先生的言词已经脱离了法庭审判的需要，但他仍然把法庭辩论看作是难得的公开演说机会。

法庭辩论中的时间过得很快，由于本案案情简单，原被告双方最后陈述完毕，合议庭短暂讨论后，审判长轻咳一声便慢慢地宣读判决，宣布老人的败诉，庭审陷入了片刻的寂静无声。我以为听到结果的老人会像那天向我倾诉时一样的愤怒和激动，令我震惊的是这个老人在听到审判结果时，仅仅一瞬间的失望，便缓缓低下头不言不语，我看不见老人的眼睛，但是我却能明显地感到老人身上散发出的萧索寂寥之感。然后他慢慢抬起头，一脸严肃和茫然。那一刻我才发觉这个曾经一脸倔强的老人也不过垂垂老矣，也许他无非是想抒发一口恶气，也许这样的结果早就在他意料之中了。

许老先生对拆迁非常不满，而本案他起诉的仅仅是政府信息公开行为，就案论案，税务局的政府信息公开并没有违法，但这些道理难以让许老先生信服。老人房子被拆想要报复拆迁部门，希望通过申请信息公开拿到举报拆迁指挥部偷漏税的证据，信息不存在让他很失望，所以他才要用告税务局这样可以说是偏激的方式来缓解心头之恨。尽管他的法庭演说声情并茂，但仍旧是做了一番无用功。毕竟法律的深奥是老人难以把握的，这样的无奈总是无法避免的。

庭审结束，许老先生带来的听审团成员因为各自的拆迁积怨，加上刚才老先生的法庭演说引起了他们的共鸣，很不满判决结果。税务局的代理人，是个法律专业大学毕业不久的年轻女孩子，被听审团的拆迁户们围堵在了法庭里面，拆迁户对她发泄着牢骚和不满。被那一群人围在里面的女孩子有些焦急和不知所措，试图挤出人群却人群重重。许老先生见了，挤进包围圈，站在她的前面，呵斥着围堵的群众，对大家说这是她的工作，别为难年轻的女孩。拆迁户心目中的法庭英雄说话还是有分量的，人群逐渐散开。

许老先生最后的举动让我从内心感到震撼，看着老人走远的身影，我站在了原地，陷入深深的思考。也许我们处理法律事务时习惯把原告看成对手，就案论案，忘记了"原告"称号后面是一个情感丰富的人；如果本案发生之前，拆迁部门多些人文关怀和感情沟通，也许本案就不会发生。

这一场因拆迁而起的诉讼，围绕强拆展开的纠纷却让政府另一部门成为信息公开的被告，让我明白很多政府信息公开工作的矛盾根源在信息公开之外。

在以后的日子里，我接到更多的政府信息公开申请，其中有不少类似许老先生的农村居民和拆迁户们。如某一风景区的村民，对村干部自始至终的不信任，担心他们多吃多占。他们长年不懈地坚持要求上级政府部门公开拨付给村级经济的经费，要求税务局公开村集体每年缴纳的税费，要求提供被征用的571亩耕地的一税三费的交清凭证及耕地占用税完税文号、完税凭证复印件。

也许他们相信"人多力量大"、"坚持就是胜利"，几位村民分别就相同事项申请信息公开，然后不断信访和举报，几年如一日，这种坚持不懈的精神其实是比较值得敬佩的，但是政府和税务局的信息公开实质成为村民和村干部之间博弈、较量的一个中间环节。信息公开制度已经成为依法行政的一个矛盾交集点，政府部门仅就信息公开而信息公开，很难让申请人满意，消除矛盾的根源。

化解难以满足的需求

在信息公开的过程中，基层政府部门常常会处于一种想公开，却难以公开的尴尬境地。因为信息公开涉及的具体情况非常复杂，有些是立法者当初坐在办公室里想不到的。作为第一线的政府法律工作者，我便要面对各种难题，在坚持依法行政的大前提下，帮助负责信息公开的业务主管部门，巧妙地化解信息难以公开中出现的新矛盾。

有这样两个申请人提出很难回复的信息公开初始要求，但经过沟通成功化解，申请人最终满意的案例。这两个例子都是关于大学生的科研信息需求。

先来讲大学生小贾的故事。

小贾是人满为患的杭州大学城里的一名普通本科生，她的大学生涯即将结束，毕业论文成为目前人生中的一等大事，当然她也把这一篇论文看得极其重要。小贾在做论文的过程中，发现需要一些涉及税务代理工作的政府信息，作为统计数据插入论文中，力求达到尽善尽美的效果。没错，小贾这样一个稀松平常的大学生对待这样的信息需求，第一时间想到的便是百度了，小贾在键盘上龙飞凤舞了一段时间，却丝毫找不到任何有用信息，这也是小贾人生中第一次对度娘产生了质疑。为了找信息数据对着电脑一整天筋疲力尽的小贾瘫倒在了座椅上，开始对室友一顿吐槽，想说连百度都找不到的信息大抵是根本不存在的信息吧。听到她这样的自我安慰，小贾的室友忍不住开始给她支招，有的说不如去实地走访，挨个税务局走一趟；有的说看看有没有税务局工作的长辈或者朋友，让上班的时候顺一份信息出来；最终还是埋头读研的学霸室友受不了这些法盲的无知，从书堆里抬起头，她告诉小贾，你可以去向政府写申请，请求公开这些信息。

小贾自然是不明白个中曲折了，她便直接对学霸室友说，不如你动手帮我申请了吧。学霸室友推了推眼镜，轻蔑地看了小贾一眼，眼中好像写着"你这白痴"几个字，但是看完了却还是认真地帮小贾完成申请信，并用邮件发出去。这下小贾轻松了，泡上一杯茶，开始坐等政府发数据给自己，还忍不住欷歔着，原来这些信息是要政府公开的啊，原来百姓是可以发邮件给政府的啊，原来我还可以向政府要东西啊，小贾一边想着一边傻乐着。

可是税务局这边却乐不出来，税务局的工作人员接到这封请求信息公开的信件，便觉得十分棘手。因为小贾其实自己也不是很明确哪些信息有用，便想着全部要来算了，于是在信中要求公开税务代理人的姓名、年龄、电话、学历、从业时间，甚至是家庭住址等私人信息。小贾要的这些信息虽然在信息公开之列，但首先真的将这些信息随随便便就交给一个大学生，在这个自媒体时代，信息流通的速度之快已经让人无法估量，这样的做法实在是十分冒进的，扩散到社会上，比如被房产中介或业务推销员得到，可能影响被公开信息名单上千万人的生活安宁。税务局必须比大学生小贾考虑更多，要担心这些信息的安全。其次是这些信息量巨大，没有经过整理的原始数据，不论是用电子邮件还是纸质信件，都是吓人的总量，就算是拿到了信息，小贾将要花费大量的时间翻阅、整理，实在是一件在资源和人力上的双重浪费。万一整理出差错，不仅可能影响到小贾是否能及时完成论文关乎前途，甚至可能将事情扩大化到政府的数据真实性上，那就更加变成不容小觑的大事了。但是直截了当地拒绝提供，却是明确的违法行为。

信息公开经办人小吴左右为难，找我商量。我建议他先电话和申请人小贾沟通了解具体情况，并口授可能发生的应对方案一、二、三。经办人小吴联系上小贾，小心翼翼地解释了她的这个信息公开请求所面临的困境，并询问了小贾对这信息的用途。小贾也不知道事情这么复杂，很实诚地告诉了经办人，自己只是论文中要间接引用这些数据做文献参考，并无其他意图，也无意窥视具体的信息内容，只是想要一个税务代理工作的总体数据；并且如我所料，小贾说自己一个大学生不会那样没素质，不会将这些信息公开暴露到社会上。

经办人小吴明白小贾的真实意图后，便根据我的预判方案，对小贾提出：我大学毕业工作不久，很了解大学生的论文需求，不如我们政府提供一份现成的统计表给你吧。小贾琢磨了一会，然后发现这敢情好啊，这样的统计表正合她意，她无须再额外花费时间对数据进行归纳整理，能省多少工夫啊，简直是帮自己写好了一半的论文了。小贾矜持地回复：这样好吗，你们不会很麻烦吗，那就这样吧，我正需要这样的统计数据。经办人小吴赶紧应承说不麻烦，这是我们应该做的，便和小贾达成了一致意见。小吴在和小贾沟通成功后，不忘提醒小贾对原申请的时间和公开内容上进行调整后，应重新填写一张申请。小贾想写一张申请的工夫和归纳庞大的数据比起来，简直就是一盏茶的工夫，爽快地答应了。没多久，新的申请表又经学霸室友的手上交政府，经办人小吴迅速整理了信息递交给小贾，小吴和小贾都产生松了一口气的感觉，这件棘手的信息公开事件便得到了圆满的解决。

这里涉及一个常识是，政府在收到申请人要求信息公开的信件后，必须在二十天以内予以回复，否则被视作行政不作为。这就是为什么经办人小吴要求小贾收回原申请，重新填写递交一份申请的原因了。

因科研需要对政府提出信息公开的需求，比起一般民众出于维护自身利益，需要知情权而提出信息公开的需求，虽然牵涉的个人利益较少，但需要公开的信息量更加大，需要经办人费更多的心思。下一个事例虽然情况有所不同，但同样能给我们一种解决问题方法的启示。

研究生小易在上海的一所大学读书。他是一个资质较为一般但是十分勤奋的学生，经过一年多的努力，考上了本校的研究生，所以分外珍惜这样的继续深造的机会，对待导师十分尊敬，导师交代的任务也总是打起十万分精神竭力完成。研究生帮助导师"打杂"仍旧是亘古不变的尊师重道真理，于是小易谨遵师训接手了一项项任务。

按照导师的要求，他需要完成论文的一部分内容，其中涉及近十年来几大主要城市税收征收各项具体统计数据。小易没想到导师这事这么不容易，所以一开始欢欢喜喜地接手，面对庞大的数据调查也没有傻眼，毕竟研究生就是要做这些无聊的研究，小易还觉得导师甚为器重自己，产生了一种临危受命的使命感。可是随着数据查找工作的进行，小易开始无数次抓狂，不仅是数据的难以找齐，庞大的数据整理起来小易觉得自己快要疯了，每天连梦里都是那些五花八门的税收数据。

这样繁琐复杂的数据，即使是小易这样专门负责科研的研究生都感到深深的郁闷，每天把自己埋葬在数据的海洋里，小易一直处于一种灵魂出窍的状态，统计进程呈现龟速。小易觉得这样不行，面对无从下手的数据统计，小易开始接受朋友意见，选择了用请求信息公开的方式向税务局寻求帮助。小易认为税务局肯定会有这样的信息，即使不是成品的统计表，起码比自己的零散资料要系统得多，于是他在申请中说了自己面临的问题，请求税务局提供十年来的税收数据。

可税务局收到申请后却头大了，因为小易的要求是十年来的数据，但具体要求哪些数据并不明确，而且有些数据口径也很复杂。如果简单给小易提供所有原始数据，恐怕复印件一麻袋；如果税务局初步计算归纳加工，计算归纳加工不但是个复杂庞大的工程，而且向申请人提供加工后数据也不符合政府信息公开条例的初衷。特别是有些数据产生口径很复杂，不了解历史的原因，会对社会产生误导。

经办人小胡感觉到不能被动地应对，和我一起研究政府信息公开条例，从中寻找解决方法，认识到履行信息公开义务的方式，不仅有向申请人直接提供信息的方式，也可以有向申请人提供查找信息途径的方式。于是经办人小胡联系了小易，因相互不熟悉，所以小胡格外注意沟通时的措辞和表达方式。打通小易的电话后首先便诚恳地表达了善意，然后详细地了解小易的真实想法。小易听完小胡一通解释终于明白，原来政府也没有现成的数据啊，而且小易十分明白这些数据整理起来是多么痛苦。

接着税务局在二十日内给小易书面回复，提供一个查找以上信息的途径，邀请小易从上海来杭州，到资料室查阅每年汇总保存的《地方税收年鉴》，那里有每一年的各类数据，只是需要自己整理。作为大学研究生，能得到如此认真诚恳的回复，小易很感动。但小易因为没来过杭州，也不想仅仅为了论文中某一个主要城市的税收数据，为了翻阅《地方税收年鉴》专门来杭州一趟。研究生毕竟有思路，此路难走，另寻捷径，后来用别的办法完成了导师交代的任务。

很多时候，要求公开的信息不是不可以提供，只是在提供过程中，会面临一些繁复的过程和超越现实的困难。我们从以上两个事例可以体会到，如何做好信息公开工作，还是很费思量的。信息公开不依法办事会违法，依法办事也要讲技巧，也要避免可能接踵而至的更多麻烦。所以信息公开要多动脑筋，要了解申请人的真实需求，把握好沟通的方式和技巧，尽量用两全之策来满足申请人对政府信息公开的需求。

面对自我证明的逻辑难题

在政府公信力经常被质疑的当今，信息公开的回复如何让申请人信服，让公众信服政府信息查找的过程，是一件比胜诉更不容易的工作。

信息的存在形式可分为纸质资料、视听资料、电子数据等多种形式，行政机关的查找信息过程十分繁复、费力。查找工作结束后，不论信息的存在与否，政府必须就查询结果向申请人进行回复。如果信息存在尚且好说，如果不存在，该如何让申请人信服行政机关确实查找过信息？谁能证明政府工作人员没有隐瞒、没有渎职，是真正全面细致地查找的？面临信用危机的政府，就好比一个弄丢了作业本的小学生，老师很难相信你的理由，经常会把你的一切解释当作拙劣的托词，除非你把作业呈到他的手上。所以当信息真的不存在时，如何证明，谁来证明，是个大难题。

一方面，根据行政诉讼证据规则的一般规定，行政机关对于被诉具体行政行为的合法性负举证责任，被告有义务对于信息是否存在举证，如果它不能证明信息不存在，将要承担败诉的后果；但是，举证责任的分配有一个重要的原则，即当事人对其认为不存在的事实不承担举证责任，这样被告就没有必要对自己认为不存在的事实提供任何证据。两个相互冲突的证据规则，反映了信息不存在案件举证责任的理论混乱。

在政府信息公开诉讼中，法院有一个习惯的做法，若是信息存在，便要政府直接提供；若是信息不存在，那么请你提供你查找过的查询报告，包括电脑截图。这个做法是没有办法的办法，因为这一查找证明是政府信息公开部门提供的，相当于逻辑上的自我证明；而且不存在的信息在电脑截图上是反映不出来的，所以要证明政府经办人是否真的有查证过信息，特别是信息不存在的情况下，实在是难以找到让人信服的办法。

还拿前文许老先生那个拆迁引发的案例来说，当税务部门经查证，信息不存在。许老先生便不相信，不仅是许老先生，其他的信息公开申请人在类似情况下也大多是不相信的，他们一般倾向认为政府的信息公开是假公开。

实际上，很多信息政府的部门并不掌握。又如前文提到的某风景区的村民，他们长年不懈地坚持要求上级政府部门公开拨付给村级经济的经费，要求税务局公开村集体土地每年缴纳的税费。税务局提供了村集体每年缴纳的税费信息后，他们又要求提供具体到每家每户承担的税费信息。当税务局告诉申请人，集体土地税费村集体统一缴，税务局不掌握具体到每家每户承担的税费信息，一些村民便认为村干部中饱私囊，税务局予以包庇隐瞒。

同样，拆迁户对于政府拆迁后给村集体的经济补偿，经常觉得内部分配不合理。但政府往往只掌握在整个拆迁过程中给村集体的总补偿数，对于具体分到每户每人身上的补偿数，数据往往由村干部保存。即使拆迁户一再申请政府信息公开，由于具体数据信息不存在，政府只能摊开两掌，示意无奈，以至于没有商量地被一次次告上法庭。

由于自我证明的逻辑难题始终难以破解，政府经常是哑巴吃黄连——心里有苦说不清。

当然，不是所有的申请人对查无此信息感到不满意，曾经有一个下岗职工大李，就经历了一个让他喜出望外的信息不存在。

大李在被拆迁区域有一套 39 平方米的低层住宅，面积很小只有一室一厅一厨一卫，有着布满油渍的水泥地板和暴露了红砖的墙壁，而且卧室对着外面吵闹的小巷。聪明的大李利用卧室朝小巷的小门和窗户，把卧室改造为小"商铺"，小商铺里还放了一张床和一个破衣柜，拥挤到了转个身都会因碰到桌角而鼻青脸肿的程度，大李靠在卧室里卖些油盐酱醋和日用小杂货给周边的邻居，赚点小钱聊以为生。

拆迁时，拆迁指挥部为了与大李早日达成自愿拆迁协议，又为了减少拆迁补偿的数额，答应根据大李"商铺"的大小，从别的开发商那购买一个新铺，为他的店铺换一个地方。因为大李的"商铺"规模小，拆迁补偿金额不多，换个地方开店铺还能有个安身之处也是不错的，大李便签了自愿拆迁协议。在大李坚持下，拆迁协议中也明确地写明拆迁指挥部要在约定日期前购买用以交换的新铺，否则就要承担违约责任，支付违约赔偿。

在家等待的大李一直梦想着自己如果换个铺子再好好经营，营业收入能翻倍，过上自己向往已久的幸福平淡小日子。但是一段时间过去了，不知道是哪个环节出了问题，拆迁指挥部答应调换的店铺却迟迟没有消息。于是他看着自己现在租住的小屋越来越烦躁，心里对换个漂亮干净点的新铺子也越来越期待，等到协议约定的日期到来，便急急忙忙地跑去拆迁指挥部催问。

拆迁指挥部告诉他，要调换的新铺已经准备好了，但交付尚须耐心等待。大李急问具体位置，拆迁指挥部工作人员却顾左右而言他。大李对这个结果愣了一下，立刻明白拆迁指挥部在安慰他，其实尚未准备好要调换的新铺。他情绪低落地回到家，连续几天蒙头大睡。后来他拿起拆迁协议再研究，突然发现坏事可以变为好事。因为如果拆迁指挥部没有按照约定的时间，为自己择好用以安置的调换店铺，自己应该可以得到一大笔违约赔偿款。想到这里，大李便不担心了，直接寻找拆迁指挥部交涉，要求其支付违约赔偿。而拆迁指挥部坚称新铺已经按约准备好了，只因周围配套设施未跟上而暂停交付，但又不能提供其已购买新铺的信息。拆迁指挥部到底有无按约购买用以交换的新铺？大李在高人的指点下，向税务局申请信息公开，要求提供拆迁指挥部有无从别的开发商那购买新铺的缴纳契税信息，然后用以证明拆迁指挥部未按期履约。

大李的故事说明信息存在与否，虽是客观事实，但各申请人期望不一。而且信息与利益各方休戚相关；如同大李希望信息不存在，拆迁指挥部这个时候便不希望查出的结果是信息不存在，但缴纳契税信息又确实不存在，只好认栽对拆迁户进行赔偿。

信息公开过程一旦出现什么差错，将存在的信息当成不存在的信息，便可能产生严重的法律后果。

商业秘密和个人隐私咋保护

凌晨 2 点，我正在酣睡，突然手机短信提示音响了，蒙眬中打开短信发现是个不熟悉中介推销房产的广告。吵醒后很窝火，最近莫名其妙的中介怎么老来骚扰我，他们怎么知道我的电话号码？想起来了，三个月前我在另外一家中介处询问过房产行情并留下过电话号码，肯定是前个中介把我的信息和电话号码"卖"给其他中介了，为此一夜没睡好。

政府信息公开从 2007 年《中华人民共和国政府信息公开条例》公布开始，国家按照"公开为原则，不公开为例外"的基本要求对政府的信息公开进行管理，不断完善制度的建设，为群众营造公平公正公开的公共生活。

根据相关规定，并非所有情形都可以申请政府信息公开。与申请人生产、生活、科研有关的信息，申请人可以向政府依申请公开。但若是涉及第三方的商业秘密和个人隐私，那么政府就不能公开信息了，因为这些信息公开可能将损害第三方的个人或单位利益。就比如说公民申报个人所得税的信息，一旦通过公开途径被他人所知，被公开方的收入来源、家庭房产、工资状况等很多信息将被暴露在阳光下，其个人生活势必遭到不必要的影响，万一该信息被绑架、抢劫的犯罪分子得知，甚至连公民的人身安全都将受威胁。又如企业纳税申报资料，竞争对手可以根据它查到企业的经营状况、负债情况、员工数量，甚至推算出企业的经营秘密。

如今社会信息传播便利，一旦敏感信息被传上网，便是众人皆知，再也难以保密。网络世界中些许心理扭曲的人，以窥探他人隐私，尤其是政府官员和娱乐明星的隐私为乐，把人肉搜索作为一种娱乐方式，从而带动自己的知名度或者说是点击率。近年来，因人肉搜索而使生活遭到颠覆的人已经数不胜数，个人隐私保护已经成为一个众人关注的话题。同样，企业商业秘密稍有不慎，就会广为人知，严重困扰企业的未来经营。政府信息公开如不加注意，公开了不应该公开的商业秘密和个人隐私，往往再也难以消除负面影响，甚至给第三人带来无可挽回的痛苦。

隐私无处可藏

有些"聪明"人，会利用一切空子为自己谋利益。一位法官和我谈起这样的一个律师，他以和法官攀关系来提升自己的身价，曾经因为法官在庭审前对这个见过几面的律师仅仅是礼貌地微笑了一下，这个律师便将这个微笑作为了自己提高收费的通行证，对被代理人打着包票说自己和法官关系好，打官司一定赢，然后高价收代理费。后来微笑的法官知道了这件事后，也是十分的气愤。这位法官在下一次庭审时，一脸严肃地在庭上反复大声地问该律师的名字，并要他把名字一个字一个字地写给自己看，用行动表明了自己与他并不熟悉，划清界限，也用这样的方式，让那个自以为是的律师颜面扫地，再也不敢吹嘘自己和这个法官是好哥们了。

政府信息公开也能成为一些律师牟利的新途径。比如有律师在代理过程中，利用被代理人对信息公开制度的不了解，吹嘘自己在政府机关内部有"内线"，能获取普通人得不到的政府信息，并用信息来换钱。然后在代理过程中，以律师名义向政府部门索要其所需的信息，不给就威胁要提起行政诉讼。而有些政府部门为了息事宁人，放弃了自己的原则。

我有幸遇到法官说起过的那位律师，姑且称他为"王律师"。王律师为了收取更多的代理费，在向委托人接手案件时吹嘘自己包赢。但是在真的接手案件后，又发现案情复杂，自身能力不够，诉讼非常棘手，按照法定程序难以赢得官司。于是王律师开始想到用举报对方的旁道来威胁对方当事人，以获取按照法定程序争取不到的利益。而王律师想到的举报线索来源，便是以诉讼证据需要为借口，向税务局申请公开对方当事人的企业纳税申报资料。

税务局将这个难题交给了我处理。明白王律师的政府信息公开申请意图后，我十分不屑其做法，也不明白他所要的对方当事人纳税资料和他所谓的诉讼有多大关系，便建议他通过法院来调查。但他可能因为吹嘘过自己政府内部有"内线"，不好意思回头找法院，也可能认为法院不会理睬他的申请，便坐在我的办公室不依不饶。

我告诉王律师企业纳税申报资料中有企业的经营信息、资产负债情况，可能涉及对方的商业秘密，不好随便提供。

他抓住我的话柄，要我提供税法中商业秘密的界定依据。确实，信息公开条例、税收征管法对税收征管中涉及的商业秘密没有明确界定。然后他得意洋洋地说："'法无禁止即可行'，既然税收征管法没有明确禁止，就可以公开。"

我愣了一下，发现他的逻辑大前提有问题，反驳道："你说的'法无禁止即可行'，是指公民，只要法律没有明文禁止，他就可以依自己的意愿自由行动。但对于政府，'法无授权不可为'，我们政府不能因为边界不清晰随意损害第三方的权益。"然后，我坚持需向上级再进一步请示。再后来，他看这"捷径"并不便捷，毕竟时间对他就是金钱，就跑别的地方去了。

律师的申请是否真的是诉讼证据需要？律师会否将得到的信息用于别的用途？我们的应对策略是：如果律师要求调查对方当事人的企业纳税申报信息，我们先建议其通过向法院申请，再由法院进行调查，只要有法院调查令，一定积极配合。这样可以防止权利的滥用，也减少律师乘机胡乱收费的情况发生。

尽管政府信息公开之路艰难险阻，也出现了许多意料不到的现象，但信息公开制度是维护民众知情权的好制度。我们无须评价制度，重要的是反映情况、讨论问题、解决困难。相信信息公开制度作为依法行政的重要组成部分，将来会逐渐完善。

第 五 章
惹"祸"的举报与奖励

　　鼓励举报是政府打击违法行为的有效手段，是政府行政行为的重要内容。多数举报人因为义愤或者和被举报人的利益冲突，积极向政府提供被举报人的违法信息，帮助政府从堡垒内部突破防线。但举报除了常态外，还有许多"新形态"。了解不透"新形态"，处理不好举报与奖励，举报人与被举报人的矛盾会转移到政府，甚至惹"祸"上身。

特工举报人

有人看到政府鼓励举报，有效的举报能够获取奖金，便从中发现生财之道，甚至把举报发展为一种职业。

如果你在街上看到一个帽檐低低的，一个蛤蟆镜遮住半张脸，剩下的半张脸上还戴着一副口罩的人，你不要急着找纸笔上去讨签名，那并不一定是哪位怕被狗仔追拍的明星，也有可能是我们这个故事的主人公——姚辰亮。

姚辰亮是一个五十多岁的下岗职工，没有什么特别之处。他之所以如此打扮，是因为他对举报事业的执着。他在第一次发现举报有奖后，便把举报作为人生事业的新起点，成为一名职业举报人。

职业举报人

下岗职工，很难发现重大举报线索。但他认为蚊子虽小也是肉，可以从细微处入手。这也是很多商家对他憎恨的源头，因为他总是到各种店里消费然后举报他们没有发票。例如他去肯德基吃了一个 15 元的汉堡，转过头跟服务员要发票，服务员手中没有合适的发票，便给了他一张面额 20 元的发票。这便成为了姚辰亮举报商家违法的铁证了，他向税务局举报肯德基未按照规定使用发票，肯德基被罚了钱，姚辰亮得到了 50 元的奖金。

去理发店理完发，10 元钱的消费姚辰亮也跟店长要发票，店长从没见过剪头发花 10 元钱也要发票的顾客，觉得分外轻视便直接摆摆手说没有发票。他便通过向税务局举报理发店不开具发票得到了 50 元的奖金。每次揣着 50 元钱在街上走着，他都觉得自己的世界重新被擦亮了，他在举报的路上越走越远，走出了心得体会，走出了职业攻略，走成了职场达人。

社区里为老人开了一家老人食堂，为老人服务，原则上是不对外开放，但实际管理并不严格，当然门口也没有门卫询问每一个就餐者是否已满六十岁。姚辰亮从中发现了商机，五十多岁的他混杂到老人里，一起进老人食堂里吃午饭。吃完饭出来，姚辰亮便向老人食堂要求提供税务发票，可老人食堂是为本社区老人服务的，从来没有开具发票的意识。发现问题后，他马不停蹄地去税务部门举报了。

姚辰亮就这样执着地、敬业地举报，从上城区到下城区，从江干区到拱墅区，举报的足迹遍布了大街小巷。一些认出他的店家，是绝对不会让他进到自己家的店门来的，还要将他赶得远远的，一顿臭骂。所以，姚辰亮出门在外总要一番装扮，就像故事开头看到的那样，把自己打扮成一个不方便露面的大牌明星一般，生怕别人认出自己。知道他的人都把他戏称为特工举报人，永远偷偷摸摸地躲在人群中不敢露脸，过着这样生活的姚辰亮不知道是不是还自得其乐着。

姚辰亮属于举报路上一直走着不回头，丰歉皆收的专职举报人。还有些兼职举报人则属于机会主义者，只是寻机牟取点好处，见好就收。如胡泽西，没有固定职业，经常走街串巷，无所事事，身上的钱很少能过夜，平时到商店里好话说尽赊点烟酒，打些零工赚到钱就被店家追着讨债。一次，他到移动电话专卖店里买了 100 元电话充值卡，然后向店主索取发票，商店里的电话卡是从上级区域店里批发来的，税务发票在上一环节统一开具，所以胡泽西的要求，店主自然是不能满足他。胡泽西就拍拍裤子，慢悠悠地在店门口坐下，翘起二郎腿，一副你不开发票我就跟你没完的表情。过会看店主没反应，胡泽西接着说，不给我开发票，我就去税务局举报你们不按规定开具发票，到时候你可得被调查的。店主虽然有很多话要争辩，但他一贯主张和气生财，想想 100 元电话充值卡实在没什么，就以息事宁人的态度对胡泽西说，这张送你，发票总可以不要了吧？胡泽西看见占着便宜了，也不贪心，拿到店主赠的电话卡，对店主笑笑便转身离开了。过些天，他又出现在另一家移动电话专卖店……直到有一天，他遇到了软硬不吃的店主，愤而向税务局举报。

作为行政机关制定举报奖励办法，鼓励对违法行为的举报，目的是多发现有价值线索，通过查处大要案以减少违法行为。而这些类似"特工"的职业举报人，把举报做成了一种职业，先不说他们的手段使人反感，就他们提供的线索对查处重大违法行为也价值不大，甚至使我们的执法工作忙于奔波，行政机关对此类举报的态度也是五味杂陈。

当然，只要举报奖励存在，职业举报人也仍将存在。

剪报举报师

相对"特工"举报人，剪报举报师的技术含量要更高。

颜先生是一个比较讲究技术含量的举报人，他不似姚辰亮一般以身涉险去拿到举报的证据，他就是剪剪报纸，我们姑且称他为颜剪报师。颜剪报师每天没事的时候，就拿起一张报纸一页一页地看，认认真真地看，仔仔细细地看，把里面所有的类似于房屋买卖、土地转让、商铺租赁等内容的小广告一一剪下来，摆上一桌子。若是不知道他的"职业"，很多人不明白这个一整天对着报纸翻看的人究竟是不是从报纸上看开了花，更是不知道他这么做的目的是什么。

颜剪报师将他剪好的信息内容，分门别类地寄给对应的地方税务局，要求税务部门对这些发布广告的商家进行税务查处，检查他们是否有按照规定缴纳税款。颜剪报师的举报信几乎遍布全省各地，只要经济繁华的地方，都会有颜剪报师的举报信寄过去，然后他耐心地等着其中的某几封信变成一沓厚厚的人民币。

就像彩票买多了偶尔会中大奖一样，坐享其成的美梦偶尔也会成真。

税务部门接到颜剪报师的众多举报信，在众多的举报内容中，还真的查出了问题。这对于颜剪报师来说，就是天上掉馅饼的好事。被查出问题的是河坊街历史街区内的营业房租赁拍卖未按期纳税，税务部门经过核查，需要营业房出租方补税1200多万元。税务部门很规范，虽然颜剪报师只是寄来一份剪报，也算他举报了一个大案子，因为补税数额较大，一下子奖励了他30597元。颜剪报师拿到钱开心地要飞到天上了，他没料到自己大海捞针的举报竟能拿到这么多的奖金，他激动地不知道怎样表达感情，便大张旗鼓地给税务部门送去一面锦旗，上面写着"秉公执法"四个大字。颜剪报师送了锦旗后再翻书，发现根据《税务违法案件举报奖励办法》规定，发放举报奖金应按照其贡献的百分之五以内掌握，但不能超过十万元。看到这些，颜剪报师端详着自己三万多元的奖金，怎么看都觉得太少，觉得税务部门又不够秉公执法了，便把税务部门告上了法庭。

法庭上税务部门和颜剪报师的争辩内容，一度被了解内情的人引为笑谈。我和发放举报奖励的黄科长一起出庭，在法庭上，黄科长认为，颜剪报师做的事情只有一件，便是剪报纸，举报对人仅仅是巧合，并无太大贡献，三万多元的奖励已经是够意思了。听到这些话，颜剪报师几乎激动地从位置上站了起来。

"我怎么会只是剪剪报纸，我的贡献很大！为你们税务机关提供可能偷税漏税的信息，我几乎是冒着生命危险在举报了。"

黄科长一时想不出来，颜剪报师怎么就是用生命在举报了，一再强调，颜剪报师的贡献主要是剪报，奖金的标准根据贡献大小而定，不能更多了。颜剪报师开始不依不饶，说什么自己为了举报，已经被很多被自己举报过的人盯上了，恐吓信不知收了多少，恐吓电话都打到家里来了，自己出门的时候，总觉得方圆几里里的不远处有人盯着自己，自己的身边，包括自己住的小区，总是有奇怪的陌生人出现，自己非常害怕，自己的生命受到这样大的威胁，贡献还不够吗。甚至还提出税务部门对于自己这样为国家社会做出重大贡献的公民，应予以特殊的保护，保镖就不用了，可以给自己安排安全的住所，这样也可以为税务部门节省人力。

我听见颜剪报师举出这些自己很危险的例子，十分无奈，觉得这颜剪报师也太能想象了。便对审判长说，颜剪报师说的这些"危险"都是没有事实依据的，法庭的主张要靠证据支撑。

颜剪报师听了又是一阵不快，什么叫想象，难道我真的有了危险才能证明我说的是真的吗。凭什么说我贡献不大，你们税务部门太主观了，为什么不肯为我想想，你们还是为民做主的国家机关吗，我不服。

就贡献大小的问题，庭审双方的争论十分激烈，法官也十分为难。颜剪报师告税务部门办事不公，自己的奖金给得太少；税务部门说自己严格按照相关规定办事，你的贡献就那么大。这场"精彩"的庭审以税务部门的胜诉告终，因为《税务违法案件举报奖励办法》明确规定："具体奖金数额标准及审批权限，由各省、自治区、直辖市和计划单列市国家税务局、地方税务局确定。"本次税务部门给颜剪报师的奖励，是在《税务违法案件举报奖励办法》规定的自由裁量权范围内，由举报中心提出初步方案，并经稽查局局长、市局稽查处处长、市局分管副局长、市局局长的审批后，在自由裁量权的范围内确定的。

输了官司的颜剪报师十分生气，差点就冲动地冲到税务局要讨回自己那面"秉公执法"的锦旗了，但是最终还是没有那么做，毕竟奖金的数额已经改变不了了，他说起生命危险，还是有些夸张了。

通过剪报举报来坐等天上掉馅饼的做法，完全违背了设立举报奖励这项措施的初衷，磨灭了举报的真正价值。虽然颜剪报师中奖，很幸运地举报了一个大单子，但是此前有许许多多并没有问题，只是因为登报发广告被他举报。税务部门为他的剪报举报调查了大量的企业，耗费了许多人力物力。颜剪报师的举报方式，并不是行政机关所希望的。

自己举报自己的怪事

见多了举报他人，也会见到自己举报自己的怪事。

而立之年仍单身的女人，可能是眼光太高，可能是想要做独立女性。所有人都觉得女人过了三十可能已经对爱情没了幻想，但只有她们自己知道，自己还在等待，等待去遇见一个能让自己一见定终身的人。可涵就是一个那样的女人，在职场上风风火火，工作起来可以一整天水米不进，身边的人被带动的全部一路小跑，一说开会即使是午饭时间也立刻放下饭碗即刻出现在会议室。平时一个人住，一个人开车上下班，马桶堵了自己通，冰箱坏了自己修。这样的女人通常被冠上一个十分不近人情的称号，叫作女汉子。但是可涵不愿意被叫作女汉子，她更愿意被叫作女强人。

这样的女强人很难找到一个愿意照顾自己的人，因为她表现出来的样子就是不需要人照顾，永远刀枪不入，似乎任何人陪在身边都是多余。可是往往是这样外表强悍的女子，一旦遇上温暖的男子，便轻易陷入爱河，难以自拔。于是可涵在那个晚宴上见到那个笑得醉人心田的男人时，便在心里产生一种就是他的想法。

那个男人比可涵小了七八岁，却很善解人意，看出了可涵当晚的情绪低落，陪她走到阳台上吹风，为她驱走一丝阴霾。男人拿过她手里的红酒，给她换上一杯果汁，可涵的眼睛里被果汁明亮的色彩晃得生疼。小口小口地抿着，喝完了，男人再递上一杯，纯正的果汁，喝起来香醇而温暖，逼走了可涵心中的冰冷。过了三十岁的可涵，很少有男人如此关心她，所以她被感动了。

那个男人很英俊，虽然身无分文，但对可涵的感情是十分认真的，可涵从那时起便觉得自己等的人已经出现了。浇灌了爱情的可涵有些变了，不再那么雷厉风行地以称霸职场为终极目标了，开始有意无意地变得温和，开始对爱情充满了向往和幻想。可涵有些积蓄，对她的小男友提出，想要开一家自己的公司，两个人一起经营，一起看着公司长大，就像养育一个孩子那样，共同经历一样的人生。作为一个久经沙场的职业女性，可涵自信只要是自己想做，定会把自己的公司经营得如火如荼，所以这对有着不小年龄差距的情侣便开始准备办一家他们自己的公司，还为他们的公司起了一个充满爱的名字，仿佛那就是他们爱情的见证。可涵在公司的法定代表人一栏写上了自己的男朋友名字，自己做了企业的财务经理，那时的可涵愿意把自己最好的全部给那个爱着自己的男人。

公司刚开业的时候，可涵和她的小男友都十分忙碌，每天忙经营，忙管理，忙谈判，忙招聘，忙得像两只陀螺，就是转不到一起，但是可涵从未怀疑过什么，她相信爱情的坚贞，不会轻易改变。随着公司的发展，两个忙碌的人甚至连一起吃饭的时间都没有了，可涵都不曾抱怨，只是每天一个人对着满桌的饭菜发呆，她不明白公司已经运转得很好，自己都不那么忙了，那个男人还在忙什么。可是后来可涵才明白，不是因为他忙得没时间吃饭，只是没时间和自己吃饭。终究是年龄差距太大，当可涵抱着结婚的念头与她的小男友交往时，对方还是在抱着谈恋爱的心态游戏人间，适合则已，不适合则分。当遇到更加美丽、更加年轻的女孩时，可涵瞬间失去了原来的魅力。那个男人的喜新厌旧来得极快，可涵甚至都不曾发觉的时候，就已经变成男人人生中的过客了。当两个人的公司步上正轨的时候，当可涵提出结婚的时候，当可涵想要过上安稳幸福的小生活的时候，那个男人说，我们分手吧。

　　听到这话的可涵，那一刻心里经历了山河巨变，仿佛一瞬间走过沧海桑田。谁能保证心不变，可涵自嘲着，心里那点刚刚萌生的温柔马上被原有的坚硬吞噬，可涵又变回了原来那个女强人。人的本性不会轻易改变，如铁般坚硬的女子自是不会轻易变成如一窝水般温润的女子，可涵的强势仍然在，面对对方的不爱，可涵连一句挽留都没有说转身离开，她不屑于任何施舍，只是这家作为爱情见证的公司，存在的意义变得无趣而可笑。

　　可涵若是想要讨回公司，那个男人一定会二话不说拱手相让，他不是感情骗子，只是不爱了而已。可是可涵不愿意去做那样的事情，她不愿意卑微，不愿意爱情沾染上铜臭，但又同样不愿意那个男人轻轻松松一走了之。她想要用更加惨烈的方式，让那个男人付出代价，让那个男人后悔抛弃自己，让那个男人永远记得自己。可涵来到公司，以财务经理的身份卷走了公司的账本，把账本藏起来，然后去税务局举报了自己的公司。因为可涵藏起了账本，公司无法正常申报纳税，可涵向税务部门举报的就是这家公司未依法申报纳税和偷税。而且，可涵掌握了两人"蜜月"期间共同偷税的证据，期望能把负心汉送进监狱。可涵亲手藏起账本然后狠下心去税务局举报自己的公司，让很多人不解，可涵的朋友都觉得她因为失恋接近疯了。但只有可涵自己知道，这是自己对这段感情的态度，自己在亲手埋葬这段感情，不再为那些风花雪月悲伤，不再怀念，不再妄想。可涵用自己的方式，报复着这段感情的背叛者。

　　可涵的举报过程也很轰轰烈烈，她怕税务部门对她的举报不重视，来时带上俩做记者的朋友，拿着采访设备，摆出现场报道的架势。举报中心主任第一次见到这种举报阵势，急忙电话公职律师的我，邀请我来他办公室给他压阵。我来到举报中心主任办公室，只是安静地旁听着，逐渐明白了可涵举报的前因后果。

虽然在情感上，可涵的男友是背叛者；但在法律上，做假账的可涵却成为了举报人，难道应该惩罚的只有可涵的男友吗？望着愤怒的可涵，我脑海里突然冒出了一句恐怖的成语"同归于尽"。

家族企业的权力争夺不仅是电视剧的情节，也是真实存在的。

李董事长的事业很多，虽然是公司的董事长，公司里却很少见到他的身影。慢慢地，他发现自己的公司失控了，财务不经自己的手，管理没人征求自己的意见，新来的员工只知道有总经理，不知道总经理之上还有个董事长，偶尔来办公室巴结自己的人慢慢只剩下清洁大妈了。董事长不明白，自己堂堂董事长，如今这门可罗雀的状况是什么时候形成的。

这边李董事长很困惑，那边总经理威信还在不断提高，因为虽然董事长是公司最大的股东，但总经理本身也是公司的创始人，也是公司的一个大股东，他的管理举措还得到公司几位小股东的支持。总经理控制公司日常经营，多数的员工都是总经理亲自招聘的，公司的财务和账本、公司的印章都被总经理手下控制。董事长发话没人听，董事长的身份只能在工商局颁发的营业执照中体现。

董事长和总经理是表亲关系，当年一起下海，共同创办这家企业，赶上大时代浪潮，公司历经风雨走到了今天这样辉煌的新时代。在艰苦的创业时代，大家的想法都是很简单的，有饭一起吃，有钱一起花，董事长、总经理都只是个虚名，没必要计较。李董事长之所以成为董事长，不是因为他的能力比总经理强，而是年纪比总经理要大些，股份多些，所以一开始成为创业者们的大哥。李董事长名下有好几家企业，事业多，况且对有几十年情谊的表亲和老搭档很放心，公司里的事务一直放手给总经理，也没有产生过大的矛盾。

一晃十几年，董事长年过花甲，总经理也年近花甲，退休已经成为迟

后来，长辈们知道了自己孩子的想法，只能嘲笑自己为子女考虑太多了。董事会再次召开，在其他董事的劝说下，老董事长和年过半百的总经理想到大家终究都是为了公司好，为了公司能放到信任的人手里，感情还是能重新联结的。大家为了手下的众多员工不会因为高层的决战而影响生计，于是又和好了。董事会恢复了总经理职务，李董事长又忙于其他事业，公司里很少见到他的身影。

举报结果不可诉，奖金可诉

为了避免滥用诉权，中国对行政诉讼的受理范围作了较为严格的规定，并列举了十二项内容，除此之外，只有行政机关"具体行政行为侵犯其合法权益的"，才能提起诉讼。实践中如何界定"具体行政行为侵犯原告的合法权益"则有相当的难度，原告资格是以原告与该案"有利害关系"，其合法权益被实在、必然侵犯为准。

在举报案件的查处中，行政机关的查处对象是被举报人，处理处罚结果是针对被举报人的。被举报人作为被处理处罚人，与行政机关有行政法上的利害关系，所以被举报人对行政机关的处理处罚结果不服，可以提起行政诉讼。

而举报人对行政机关的举报查处结果，不能直接提起诉讼。因为行政机关查处的结果并不针对举报人，举报人的个人直接利益未受行政机关的查处行为直接侵犯，所以他并非行政法上的利害关系人。

四十多岁的黄新伟是个农村出来的技术工人，依靠自己的聪明和勤劳，逐渐积累经验，创造财富。为了更上一层楼，他和几个志同道合的朋友，搭伙开公司。因为公司在远离杭州的西面大山深处，起名西山机床公司。由于黄新伟自有资金有限，所以在公司成立时和朋友们商量，决定由出资最多的股东担任董事长，自己先做普通股东，更多的是出力，等公司发展壮大些，根据贡献，再享有更多的公司支配权。

慢慢地公司步上了正轨，黄新伟和朋友们都松了一口气，初尝创业成功的喜悦。但成功后的股东们，想法有了变化，尤其是作为董事长的大股东，更是一手独揽大权，把公司当成为自己家的企业。公司的财务非常混乱，董事长的吃喝玩乐也放在公司的财务里报账，公司利润不多，管理人员个个赚得盆满钵满的，甚至毫无顾忌地挪用公款。

作为技术骨干的黄新伟，一心埋头于公司建设，却久不见公司起色，猛一抬头，发现自己倾尽心血的公司已经被掌控在了大股东的手里，员工们变得消极怠工，自己的所有努力对公司的改变只是杯水车薪，同时自己应得的股东年终分红几乎没有，效益甚至比他之前个人独自经营时还差很多。这时候黄新伟在惊讶之余感觉十分气愤，却也无能为力，因为自己只是一个没有最终决策权的股东，和职工的地位差不了多少，没有话语权，唯一拥有的便是和董事长的那份岌岌可危的情谊。

黄新伟不是为了自己，更多是为了公司，他找董事长理论了几番，情真意切，但董事长每次都很忙，有很多的应酬等着他，偶有时间交流，也因双方的经营理念差距太大谈不拢，公司的经营日益显得令人担忧。董事长仍旧把公司当成自己家的企业，仍旧毫无顾忌地挥霍和腐败，像一个昏庸的君王，忘记了自己的江山是兄弟们一起打下的，只知道在酒池肉林中潇洒人生。董事长和黄新伟本是还比较好的朋友，虽然因为公司时而争吵，战火也不断升级，但两人终究都不愿意撕破脸，尤其是黄新伟，他总是觉得朋友之间不该计较得太清楚，但是作为董事长的大股东却日益过分起来。

黄新伟气急了，跑到董事长办公室要求把公司的账本给自己，自己以股东的身份查账。面对要求查账的黄新伟，董事长满口答应着他的各种要求，什么都好说好说。可是拿到账本的黄新伟还是彻底气坏了，这哪里是一本真正的账本，简直是小学生糊弄老师的作业，漏洞百出还乱七八糟，根本不能反映公司的实际经营状况，摆明了敷衍自己。

不甘心自己有一份的公司就这样成为董事长家的企业，黄新伟寻找法院要求维权，但清官难断家务事，审理民事案件的法官并不能解决公司的深层次管理问题。黄新伟经过了激烈的心理斗争，最终便到税务局举报自己的公司，账目混乱，有着严重的偷漏税行为，需得到法律的严惩。税务部门接到举报，根据他提供的线索，派遣了检查小组前往调查取证。经过调查，税务部门针对西山机床公司的偷漏税问题进行了处罚，但是黄新伟对这样的结果，不仅是不服，同时更多的是气愤和怀疑，他觉得董事长的行为起码可以进局子里蹲上几年的，居然只罚了几个钱，太轻，实在太轻。甚至怀疑税务部门和董事长有不明不白的关系。

黄新伟作为公司的一个小股东，同时是公司偷漏税的举报人，他对公司内幕自然是再清楚不过的。黄新伟想到自己已经和大股东闹翻了，没有退路了，对税务部门的处理结果十分不满，当即想把税务部门告上法庭，追究其查处不力的责任。

黄新伟原以举报人身份告税务部门查处不力。后来他知道行政诉讼的原告必须与被诉的具体行政行为有法律上的利害关系，在举报案件的查处中，税务机关的处理处罚结果是针对被举报人的，被举报人西山机床公司对税务局的处理处罚结果不服，可以提起行政诉讼。而作为举报人的他，利益未受税务机关的查处行政行为直接侵犯，并非法律上的利害关系人，不能作为原告提起行政诉讼。

所以黄新伟在法庭上，给自己转换了个角色——被举报被处罚人的股东，但这"原告"诉讼目的不是为了维护公司利益，而是认为税务机关没有认真查处，对其处理处罚轻了，应加重处罚。我在法庭上提出，西山机床公司是有独立财产权的法人，有自己的法人机关和法人意志。原告黄新伟未经西山机床公司授权，无权代表该公司提起行政诉讼。而且原告黄新伟虽然是该公司的股东，但提起行政诉讼的目的是因为股东之间的矛盾，要求加重对该公司的处罚。最后法院驳回了黄新伟告税务局的诉讼请求。

面对被驳回的诉讼请求，黄新伟感到无言的悲伤，但其股东身份或举报人身份按行政诉讼法规定，不具备"举报案件"的原告资格，这是法律制度的设置。法律之所以要对原告资格有这种特别的限制，是因为诉讼毕竟是国家的一种有限的司法资源，是一种有成本的活动，要避免不相关的人滥用诉讼权。

为了使自己能拥有诉讼权，有举报人不对举报查处结果提起诉讼，仅对举报奖金提起诉讼。因为依法可领取的举报奖金，与举报人的利益直接相关，举报人就奖金的发放提起行政诉讼可以得到法院的支持。

年届四十的黄劲松从没想到自己会在四十岁那年被所在单位辞退，他是国有大公司下属分公司 1000 多名员工中的普通一员，只是平时有些个性，遇到事情一定要弄个明明白白。那些年国有垄断部门，单位效益看好，他所在班组职工每月工资奖金，能拿到社会职工平均工资的三倍多。数额虽然不少，但他发现不公平，自己做得比同事多，而同事的工资奖金却比他多，回报的多少与劳动付出的多少并不成比例，认为其中必有暗箱操作。为此，他忍不住和班组长吵了一架，还越级找到公司领导反映。公司领导见多了类似情形，觉得黄太计较自己个人的利益了，小题大做，三言两语就打发了愤愤不平的他。而班组长就没那么大度，黄劲松隐隐约约觉得自己被穿上了小鞋。

黄劲松是个遇事认真的人，他就工资奖金发放的不公平现象，向总公司和上一级领导投诉，却少有领导关注。偶有一天，一当会计的朋友提醒他，我们单位工资单上从没有开列个人所得税项，公司没有按规定代扣代缴员工的个人所得税。既然工资奖金不公平现象没人重视，黄劲松于是开始举报公司偷漏个人所得税等违法行为。

个人所得税是涉及员工个人的税收，他得罪了许多昔日的同事，两年后被所在单位辞退。虽然在黄劲松的不断举报下，税务部门开展了对黄劲松原来公司个人所得的专项检查，经查公司确有偷漏税行为存在，并下达税务处理处罚决定书。但黄劲松并不觉得解气，因为他认为处理处罚轻描淡写，对财大气粗的被举报人并不会很痛苦，尤其是他被所在单位辞退的事没有一并解决。

黄劲松把无法发泄的怨气迁怒到了税务部门身上，他到法院告税务机关。由于他不是被告税务稽查行政行为的相对人，举报的查处结果与举报人没有直接的利害关系，举报人不能直接就查处结果提起诉讼。因此，法院不受理这个诉讼请求，让黄劲松十分郁闷，举报和诉讼都不成功，还有什么办法能让自己发泄这口闷气。

也就是在黄劲松苦于前功尽弃的无意中，他想起了税务部门曾经通知自己去领取举报的奖金，大概2000元左右，好像是前几天才打过来的电话。黄劲松自然不会因为有2000元钱拿而忘记自己心中的怨念，那些钱不过是以前一个月的工资。他灵机一动想起来，自己虽然接了税务部门发奖金给自己的电话，但是自己并没有去领奖，那通电话通知没有任何的书面证明。给予举报人奖励是税务机关的义务。黄劲松就再次向法院提出诉讼的请求，这次的理由是告税务机关未依法发放奖金……

第 六 章
息事宁人的易与难

　　现在提倡社会和谐，倡导用更为平和的方式解决矛盾。近年来各级行政机关不断推广行政和解与调解制度，就是期望通过沟通、和解（调解）方式，化解各类行政争议，减少行政管理成本。

　　用息事宁人的方法处理法律争议固然好，但也要看对象和矛盾的根源，不能勉强为之。不能没有法律原则，不得损害公共利益和他人的合法权益，且第三人无异议。有些案件，只能通过法律途径解决，不存在息事宁人的空间。

谦抑能使息事宁人由难变易

谦抑，是一种谦虚低调的处事方式。行政机关虽然拥有行政权，但行使权力的目的是为了维护社会的秩序，坚持依法行政是为了更好地为纳税人服务。如果谦抑行事能够实现维护法制、解决问题的目的，何乐不为？

陈兴盛是一名来杭创业的绍兴人，怀揣着一展宏图的志向，几经忙碌，公司各项手续办理齐全，以自己名字命名的兴盛经济咨询公司终于开办起来了。但是创业之路总是荆棘丛生，没有合适的办公地点以及尚未确定的公司人员等问题，让陈兴盛的公司之路只能暂时止步。把公司的公章放进皮包，陈兴盛回家忙起了其他生意。

可是公司不是你想开就能开，不想开了就关门大吉那么简单的，其中很多手续繁琐却必须，缺一不可。不久，这个尚未经营的公司就为陈兴盛带来了两张罚单，一张是国家税务局开具的，而另一张则来自地方税务局。此时的陈兴盛才意识到问题的严重性，原来公司只要获得营业执照便要进行纳税申报。陈兴盛的"皮包"公司由于违反了相关法律规定而分别被国家税务局和地方税务局罚款 200 元与 800 元。陈兴盛觉得非常委屈，自己公司明明没有实际经营，更没偷税漏税，只是没有及时申报就被罚这么多钱，特别是同一违法情形，地方竟然要比国家罚款高出那么多，这也太不公道。于是陈兴盛便整理了资料准备向上级地方税务局提出复议申请，希望能适当减少罚款的数额。陈兴盛的复议申请被上级地方税务局了解后，马上移交给了区地方税务局要求他们去把这件事处理好。

区地方税务局局长了解了事情的经过，便主动安排工作人员去与陈兴盛沟通。陈兴盛没想到税务局居然找到自己，一时十分惶恐，以为自己是不是哪里做错了。可是税务局的工作人员态度却十分谦虚，一坐下便主动向他解释国家税务局与地方税务局的不同，坦承因为国税、地税平时工作沟通不多，又由于自由裁量权的原因，两家机构就同一违法情形罚款数额有多有少。陈兴盛的意见已经引起领导的重视，也理解纳税人的心理不平，所以认真研究后特意为他调低罚款金额，并在今后要加强国税、地税之间的工作联系，避免类似情况的再次发生，最后希望陈兴盛理解支持政府工作。陈兴盛明白自身也有过错，税务局能如此诚恳的沟通不仅使他心理上得到慰藉，而且被政府工作人员为纳税人着想的态度所折服，主动撤回了行政复议申请。

大凡物不平则鸣，在息事宁人的行政和解中，我们要为对方当事人创造良好的沟通环境。行政机关应该谦抑，切忌行为官僚主义、言语打官腔。只要行政机关面对当事人不亢不卑，讲法律摆事实；工作中正确的坚持原则，确有不足的自我纠正，大多数当事人都是通情达理的，大多数情况下息事宁人并不难。

谦抑，是一种工作态度。谦抑的税务干部，能正确对待纳税人的权利，对被提起复议和诉讼的行政行为，不仅能客观和理智地审视，而且能够自我反省。这样的做法化解了许多潜在的矛盾。前文提到的某省行政机关法制干部杨柳，她认为国家税务总局的规范性文件违背了车船税的法律规定，税务局多收了180元车船税款。虽然区税务局觉得自己很委屈，因为他们是在执行国家税务总局的规范性文件，并非故意为难杨柳。但后来，大家统一认识，请杨柳下班后喝茶，在茶座进行友好沟通。税务局处理这个事情的态度让杨柳十分满意，让她产生一种被重视的存在感，加上钱数也不大，杨柳同意了撤回行政复议申请。

　　黄新伟就是上一章那个举报自己一手创办公司的草根企业家，他辛辛苦苦付出，成长起来的企业最后旁落他人，连法律都无力为他争取权益。所以他不肯善罢甘休也是合情合理。黄新伟不满原县税务局对西山机床公司的税务处理决定，诉讼请求被一审法院驳回后，仍旧想要再次上诉。虽然我在法庭上和他激烈辩论，最终赢了他，但人格上我仍很尊重，也很理解他的诉求。一审胜诉后，我邀请他来税务局。

　　黄新伟轻车熟路地来到税务局，我对眼前这个因不甘心又找不到发泄口而不断打官司，最终不断败诉的人也是十分同情，专门费尽周折将黄新伟案的原县税务局办案人从130多公里外召集过来，专门为他们开了一场沟通交流的会议。会议上，市税务局的人、县税务局的人，他们对黄新伟的态度都很谦抑，不因其败诉而藐视他，大家将县税务局原处罚的依据和理由，不受理黄新伟请求的有关法律规定一一解释给黄新伟听，让他明白事实不是税务干部不公，而是法律规定，你再怎样不服不甘不愿，都改变不了结果。虽然税务局在查处过程中并没有过错，纵使他们对黄新伟置之不理也是无可厚非，但工作人员仍然对黄新伟说了很多。这一说，便是从上午九点一直说到了中午十二点多。黄新伟由一开始的愤愤不平，到安静聆听，再到低头沉吟。工作人员的耐心解释让黄新伟理解了政府工作人员处理此事的原则，让他明白了法律规定是如何必须执行的，让他懂得了自己告税务局是弄错了方向。"我明白了！"黄新伟最终轻轻地点点头。看到释怀的黄新伟，我欣慰地笑了，连忙招呼大家散会休息，并给黄新伟递上专门替他打的工作餐。

　　黄新伟手捧餐盒，连声说着谢谢，吞咽时却明显有着哽咽。黄新伟扭头对陪他吃饭的我轻声说道："决定放弃告税务局了，不再复议，不再诉讼，不再怨恨。"

物不平则鸣，公民、企业对行政机关的一些做法存有异议，产生提起行政复议、诉讼来为自己争取权益的念头时，行政机关应第一时间采取应对措施，创造条件让双方进行沟通交流，从而化解矛盾。作为当事人的行政机关可以就争议事项与申请人进行沟通，倾听申请人诉求，澄清误解，阐述事实；若是发现自身确有错误的就主动纠正错误，满足申请人的合理要求，取得申请人的谅解。沟通成功后，建议当事人向复议机关、法院主动撤回行政复议、诉讼的申请，将行政复议、诉讼案件的发生从源头上杜绝。行政争议案件在源头上化解，不仅节省了相关部门的人力物力，而且避免出现申请人因对处置结果不满而对政府部门产生仇视情绪的状况，真正实现息事宁人。

息事宁人并不是政府无为，反而更能体现政府在面对与民众纠纷时的良苦用心。在不违反法律原则的基础上，让争议的双方都感到满意的和解才是完美的和解。政府谦抑，在自身工作确有不足的情况下，降低姿态，主动服软。正是这种"谦抑"促成了更好的沟通效果，为在面对纠纷时的息事宁人创造条件。所以以沟通为主基调的息事宁人在中国式的法治建设里，是一项有正面意义的措施，而谦抑是使沟通由难变易的重要前提。

情、理、法并用化解矛盾

公职律师是法律的"明白人",能以职业和专业的优长,破解息诉息访难题。在原处理结果正确的案件中,可帮助当事人准确理解行政机关依法作出的行政决定,让当事人守法息诉。

我曾经同一天收到对六个具体行政行为分别提出复议的案件,根源是因为一个家庭的矛盾引发。

区税务局被卷入家庭矛盾旋涡

这本是一对亲姐妹,姑且称之为吴大姐、吴小妹吧,两姐妹个性都是倔强不服输。

举报人吴小妹是名校毕业生,留学后居住在海外,系外籍华人,她在外留学的这些年里家里人给了她很大的支持,她一直是家里人的骄傲,对家里人也十分知道感恩,但是她却连续几年举报与她血脉相连的亲姐姐吴大姐。事情的发生没有什么曲折离奇,无非是利益纠葛,有时候因为利益分配的不均让一家人反目成仇,真是让人扼腕叹息。

举报人吴小妹称她家十年前成立环宇机械设备公司(以下简称环宇公司),公司性质为有限责任公司,注册资金为50万元,吴大姐占公司股份的70%,她们的母亲占公司股份的30%,公司法定代表人为吴大姐。实际上,公司股份的35%是妹妹吴小妹的,因为她系外籍人士,不能直接持股,由姐姐吴大姐代为持股。那时候他们还保持一家人不说两家话的融洽状态，可是事情最后还是因为这不清不楚的投资份额而横生变故。

因为妹妹吴小妹是海外高科技人才的缘故，环宇公司利用她的关系，在经济技术开发区购入工业用地几十亩。几年后，吴大姐和她们的母亲将环宇公司股份转让给张总经理，张总经理成为公司新的法定代表人，土地也变为张总经理公司的土地。根据当事人提供的股权转让协议，全部转让金额为300万元，但是吴小妹不知从哪里得到的消息，怀疑股权转让协议等证据材料为伪造材料，而实际转让金额为1500万元。吴小妹认定是家里人为了私利在瞒骗自己，很不高兴，多次向国土部门举报环宇公司通过股权转让倒卖土地这件事，同时向区税务局举报她们通过"阴阳"股权转让协议偷逃税款。区税务局经过调查，没有找到举报人吴小妹所述的1500万元土地厂房买卖交易的证据。但吴小妹认为这么大的数额不可能没有证据，甚至怀疑区税务局查处不力，涉嫌故意包庇，并把自己的怀疑转化为向上级领导的投诉。这让区税务局十分苦恼，早想依法处理被举报人，但苦于没有充分的证据。

多次举报无果，读了那么多书，头脑十分聪明的吴小妹果断转移了自己的目标，转而举报环宇公司的股权转让溢价收入未申报相关税收，公司100多万元销售收入未入账。这次税务机关根据举报人提供的确凿线索，果然调查出一系列的问题，接着便对环宇公司、环宇公司现法定代表人（股权转让受让人）张总经理和股权转让出让人吴大姐分别作出税务行政处理、税务行政处罚，针对以上三个主体共作出6个具体行政行为。

虽然吴小妹认为举报有结果了，但被举报人吴大姐愤怒了，面对如此多的行政处罚，她认为是自己的妹妹和税务局合起伙来陷害自己，于是动员张总经理及现由张总经理控制的环宇公司，大动干戈地对6个具体行政行为分别提出复议。

同一时间收到对 6 个具体行政行为分别提出复议，对税务部门来说这是前所未有的。吴大姐的复议行为不论是否合情合理，都是创造了历史之最。考虑到其家庭矛盾的复杂和深刻，如果不有效化解复议根源，税务部门的复议结果无论如何，大姐小妹之间必然有一方不满意，已经延续五六年的举报与被举报、投诉与被投诉仍将继续，而且税务部门仍将深陷其家庭矛盾旋涡之中。

先期化解 6 个复议中的 4 个

复议的受理是上级行政机关的一项职责。

收到 6 个复议申请后，复议机关如果被动地处理，可能使矛盾进一步激化。我要了解真实的原因，力所能及地化解双方的矛盾。针对这一复杂案情，我首先是分析案件的主要矛盾，寻找突破口。

复议申请时，6 份复议申请书都是由吴大姐一人递交，除吴大姐本人 2 份复议申请书外，张总经理及现由张总经理控制的环宇公司的复议申请是用授权委托形式由吴大姐递交。

张总经理本人为何不亲自来递交申请？

我认为其中必有蹊跷，考虑到吴大姐和张总经理是股权交易的上下家关系，私下里并无深交，但目前双方存在尚未结清的经济利益，张总经理可能有其苦衷。复议申请中，吴大姐和张总经理及现由张总经理控制的环宇公司的利益诉求是不同的，彼此都有专属于自己的个体利益。于是我便以难以判断复议申请书上的签名是否张总经理本人所写，复议申请是否张总经理及环宇公司真实意图，吴大姐一人代理他人 4 个复议申请会影响张总经理的个体利益为理由，拒绝吴大姐代理张总经理申请复议，并坚持若张总经理申请，需他本人亲自来验证是否真实、自愿申请。

几天后，张总经理来到税务局处理这件事，他四十多岁，一身名牌，一看就是个精明的生意人。

"张总，您申请行政复议?"我开始和他沟通。

"是吴大姐要求我来的。"

几句话下来，彼此就熟络了。南方人讲话中不太习惯老用"您"字，不知不觉，彼此对话中的"您"换成了"你"。

"吴大姐要你来，你咋就来了?"我趁机了解他的真实意图。

"没法子呀，吴大姐说我如不来，公司的税收违法损失就和她无关，都要我承担。"张总经理接着说，"我是股份转让后，才成为公司的新股东、新法定代表人，区税务局处理、处罚的100多万元销售收入未入账，都是吴大姐做法定代表人时她操作的，这烂事我哪知道呀。"

"你对区税务局有意见?"

"国有国法、家有家规，缴纳皇粮国税，天经地义，道理我都懂。虽然前面的事都是吴大姐做法定代表人时，她操作的，但现在公司已经是我的了。现在区税务局处理、处罚我公司，我心疼这损失。吴大姐说了，我要不来申请行政复议，公司的税收违法损失她就不管了，那可得我一人承担呀。"原来张总经理已经认识到税收违法行为是错误的，他来申请复议是碍于吴大姐的面子，更由于股权交易双方存在利益损失谁承担的难题，不得不来。

我接着问："对基层税务机关的工作满意吗?"

"挺好的，挺好的!"他回应道，"我在当地有好几家企业，一直很遵纪守法，区税务局同志对我态度很热情，那真叫为纳税人服务。"

"那你为啥还要复议?"我追问。

"这，这……"张总经理讷言了。

"要不你回去再好好考虑考虑？"我明白了张总经理的内心矛盾，他并不想和区税务局法庭上见。

"好的，好的。"

张总经理是精明的生意人，明白公司本身有过错，这样的复议对自己非但没有好处，反而会影响自己的形象。作为一名商人，张总经理自然是不会做任何有损自己长远利益的事情，所以他回去后，便再也没来，与他及由他控制的环宇公司的4个复议申请再没被提起。

这样，6个复议中的4个成功化解，但剩下两个复议的解决就没那么简单了。

让被申请的行政机关转变态度

沟通、化解需要被申请人区税务局的积极配合。

做出税务行政处理、税务行政处罚决定书的区税务局，对两姐妹因为家庭内部矛盾，延续五六年到税务局举报与被举报、投诉与被投诉，甚至把税务局也作为举报与投诉对象的过程很懊恼。区税务局依法作出处罚也是为了撇清在两姐妹纠纷中有偏心的嫌疑，区税务局认为自己很公正，行政处理、处罚决定已经经过慎重研究，对与复议申请人吴大姐沟通，主动化解矛盾抱消极的态度。

针对基层税务机关的消极态度，我们先审查案卷内容，然后听取区税务局的汇报，再分析处理、处罚具体行政行为案件存在的问题，指出虽然区税务局认定的基本事实没错，但该案还有一些程序、证据上的不足。如区税务局给环宇公司送达法律文书，公司的原股东吴大姐已经将股权转让给张总经理，法定代表人也改为张总经理。而区税务局因为不了解，仍然将法律文书送达给吴大姐，并由吴大姐在送达回证的受送达人栏签字，却没有受送达人公司的印章，这样的送达实际是无效送达，关键时刻会成为程序不到位。另外，本案的证据虽然有不少，但证据不仅依靠数量，还要形成无缝对接的证据链。

我告诉区税务局，任何复议案件都存在维持、撤销、撤回三种可能性。就本案而言，未来案情的发展可能性有以下三种可能。

第一种可能，复议作出维持决定，那么区税务局势必还将面临当事人继续向法院提起诉讼，提起诉讼后便需要按照法定程序经过法院一审、二审，麻烦接踵而至。虽然区税务局的人员认为法院在税收实体法上的判断不如税务机关，税务机关手中相对还是掌握主动权的，但我给大家出示了案件在主体、依据、证据的充分性、准确性等方面存在的缺陷，强调法院除了注重合法性审查外，还特别注重程序合法性及证据的充分性的审核，所以本案还是有很多难以克服的障碍，最终鹿死谁手还难以断定，在审判前要有败诉风险的准备。

如果上级税务机关的复议维持决定最终被法院撤销，就意味着被复议的基层税务机关、作出复议的上级税务机关都错了，执法威信都将受损，年终省、市依法行政工作考核时将被多处扣分，满意单位评选也扣分。所以作出维持决定，上级复议机关也有风险。

第二种可能，被复议的区税务局主动撤销原行为后重新作出具体行政行为。

目前案件在主体、依据、证据的充分性、准确性等方面都还存在缺陷，其合理性、合法性，以及程序法、实体法的适用范围方面都存在争议，有的问题还很严重，稍加不慎对税务部门都会造成难以挽救的伤害。

如果区税务局撤销原来的处罚行为后重新对吴大姐案件作出具体行政行为，可以重新组织调查，在法律适用、证据收集方面可以更加完善，避免原有缺陷；甚至一些原来因为证据不足未处罚的违法事项也可查清后一并处罚。重新作出具体行政行为，更有利于应对未来的复议、诉讼。

第三种可能，区税务局和申请人沟通，让其主动撤回复议申请。

区税务局听取分析意见后，意识到和申请人沟通，让其主动撤回复议申请是最理想的选择。

沟通中"情、理、法"并用

沟通是为了解释误会、化解法律争议，充分运用心理学原理，以法律为依据，动之以情，晓之以理，简单归纳为"情、理、法"三个字。消解吴大姐的敌意，具体分以下三步。

第一步，运用"心理互换"法减少吴大姐的敌意。

心理互换是一种将心比心的角色互换，从而设身处地地为别人着想的方法，是通过站在对方的立场，让自己去感受对方的心理，从而能够好好地了解、体谅对方，缩短与对方的心理差距，缓解对立情绪，引发对方的认同感，营造一个平等和谐的氛围，使对方愿意接受劝说、引导，进而使被劝说者改变态度的沟通方法。

考虑到领导亲自出面和吴大姐沟通，能最大限度地化解吴大姐对税务机关的误解，取得对方的理解更有利于问题的解决，这个建议得到了大家的一致认可。

区税务局分管副局长来到吴大姐的家里，进门便看见桌上墙上一家人的合照，纤尘不染，所有的家用品姐姐妹妹都是一样的，并且经过先前的了解，家里在对待两姐妹上，从来不会厚此薄彼，姐妹感情一直非常好，到妹妹出国前，两人还常常睡在一起彻夜长谈。但是两地的隔阂，让两人产生了间隙，所以局长深深明白此刻僵持的局面是他们两姐妹谁也不愿意看到的，但是同样的倔强，谁都不肯认错，都认为错在对方，自己没理由先低头，甚至哪怕对方低头了，自己也不愿意轻易表示出和解的态度。于是局长把姐妹两人几十年的感情当成了突破点，用亲情作为沟通的利器，开始与吴大姐婉转地闲聊。从家里的摆设，到墙上的照片，从床头的布娃娃到妹妹的写字桌，甚至讲到自己家兄弟姐妹的故事，但是迟迟没有聊到姐妹反目的事情。吴大姐猜到局长是来劝自己消除姐妹矛盾的，她不愿意调解，忍不住打断了局长的话，她告诉局长，自己没有退一步的可能性，不要白费力气了。局长无奈叹气道，作为姐姐，理应谦让妹妹，来挽救这脆弱的亲情，既是一家人，何以至此，退一步海阔天空。但吴大姐并不愿意听到这些，她不明白为什么退一步的那个人是自己。沟通效果并不显著，虽然在聊及自己与妹妹的情感时，吴大姐有些动容，但复议的决心还是十分坚定的，并且制止了局长继续劝导的意图，不再配合。

但局长的沟通还是唤起了吴大姐对亲情的记忆，她的不舍与失落太过明显，以至于局长都不忍心继续揭开她的伤疤。

第二步，运用"权威劝说"法让吴大姐认识到处理处罚是法律的必须。

运用心理学权威效应原理转变当事人态度的方法，就叫权威劝说法。法律就是一种权威，通过对法律规定的释疑，准确定义，以权威性的说服力，引经据典地使当事人意识到，处理处罚是法律的必须，而不是税务机关对她的为难，复议诉讼的最终结果也要遵守法律权威。

吴大姐的复议是因为主观上认为是妹妹和税务机关联合陷害自己，让吴大姐明白这不是事情的原委是十分重要的，让她真正认识到自己在整件

邻居都曾经以她家为荣，现在知道了姐妹间的矛盾，都很惋惜，希望她们不要再对峙下去。而领导们也是希望吴大姐一家人能够好好的，如果吴大姐愿意的话，这件事可以由镇领导出面同妹妹沟通，彻底解决矛盾。领导们的话击破了吴大姐最后一道防线，她知道自己这下不能不低头了，领导们已经将后面的路都帮自己铺好了，自己不走无疑驳了领导们的面子，而现在放下怨恨也无疑是最好的选择，自己一家人尽管会有些嫌隙，但到底还是一家人。吴大姐最终答应了，她当着领导的面，同意了化解矛盾。

吴大姐最后 2 项复议申请的撤回，让我深深地舒了一口气。原本令人震惊的同时 6 项的复议申请，经过漫长的沟通，众多人的共同努力，终于得到了圆满的解决。吴大姐最后能够撤回复议申请，以息事宁人的态度回应了自己原本十分不服的税务处理处罚，究竟是出于不愿意和妹妹闹翻的心理，还是出于税务部门锲而不舍的沟通磨蚀了她的耐心，想必是都有的。吴大姐毕竟是理智的成年人，她明白对错、看得清利弊，所以面对众多的道理，她明白怎么做是最好的选择。

告状专业户陈近洋

　　明白事理、进退有度，这并不是所有社会人都具备的品质。有时是利益所趋，有时是情感所致，总之有些人的特点就是不讲理。所以在息事宁人的思想工作过程中，也会遇到个别难以沟通的人物，让工作人员伤透脑筋。

　　前文提到的陈近洋，有一个兄弟，在四季青服装市场内有一个摊位。二十年前，他兄弟与陈近洋商量过，从四季青服装市场合作购买摊位事宜，但陈近洋临阵放弃。他兄弟单独与市场签订合同时，让陈近洋帮自己将二十万元的摊位费汇款付给了四季青服装市场，然后再将汇款金额的现金还给了陈近洋。

　　但是没想到的是，物换星移，四季青服装市场发展势头日益壮大，市场行情走俏，摊位价格飞涨。原来二十万元买的摊位到了二十年后，竟涨到了一百万元的价格，这时的陈近洋，开始后悔为什么当初没和兄弟一起买摊位去创业，于是厚着脸皮要求兄弟把摊位好处均分，但是这个要求被一口回绝掉。为此陈近洋很憋屈，不惜兄弟反目将自己的兄弟起诉到法院，但是因为证据不足得不到支持。

　　但陈近洋并未因此放弃对这份财产的觊觎，心情郁闷的陈近洋在一位律师的启发下，想到了另一个好主意，他跑到法院状告四季青服装市场，告他们收了自己二十万元汇款，并要求退还。摊位合同是兄弟签的，汇款是陈近洋缴的，陈近洋利用这个漏洞，要求四季青服装市场退款。于是经过法院审理查明，四季青服装市场和陈近洋没有摊位买卖合同关系，但陈近洋汇款二十万元给四季青服装市场的证据却是有的，所以法院认定四季青服装市场存在不当得利，要退还给陈近洋二十万元。陈近洋对二十万元意外之财到手得如此轻而易举十分惊喜，同时惊喜之余也唤起了他的贪念，也引发了后续一系列匪夷所思又没完没了的告状。有时候觉得陈近洋在精神上可能存在一些问题，但有时在获取钱财上他又精明得过分。

陈近洋小学毕业的文化水平，没有什么知识，没什么法制观念，甚至没有所谓的是非观。他的脑子将这个世界的所有事情分为两种，有利可图的和无利可图的，而不断的复议诉讼，显然被他归到了有利可图的那一栏。陈近洋就像那个守株待兔的农夫，以为有一只兔子撞到树桩，便会有源源不断的兔子撞到树桩，而自己要做的便是不断告状，然后耐心等待。四季青服装市场退还的二十万元不仅是一笔意外之财，更像是让陈近洋捡到了一块开启发家致富大门的敲门砖。自此，陈近洋的生活变得忙碌而充实，他每天都致力于到处控告杭州市政府、公安局、工商局、税务局。

短短几年的时间内，陈近洋以他惊人的效率和不懈的毅力，从底层到高层，几乎把所有政府机关告了个遍。

2004年6月，陈近洋以因向税务机关举报各专业市场偷税等问题，而给举报人造成损失为由，向人民法院提起行政诉讼，要求税务机关支付其举报奖金并赔偿300万元损失。

过了五个月，陈近洋以同样理由，增加赔偿要求，要求税务机关赔偿其投资取证成本100万元及利息损失费500万元。

2005年12月，陈近洋称杭州X区税务分局、X区工商局、白鹿市场同谋伪造签名注销其税务登记证，将摊位转让给现摊主李光，造成申请人营业房损失100万元。要求X区税务分局予以赔偿损失。

2006年1月，申请人陈近洋以向税务机关举报各专业市场偷税，遭杭州 J 区税务分局打击报复为由，要求 J 区税务分局赔偿损失上千万元，并向 J 区人民法院提起行政诉讼。

拆开胆识二字，陈近洋在胆子上还是大得有些令人咋舌的。陈近洋没有一点法制意识地四处散播他要诉讼的言论，这不是小说、不是电影，更不是开玩笑，陈近洋一步一步地把他的诉讼意图一一付诸实践了，仿佛实现的是他的人生梦想那样神圣而庄严，全然没有觉得自己只是在无理取闹。他重复地游走在自己家小区和政府机关大院之间的两点一线，将复议诉讼当成了自己已然开启的第二人生。

好笑的是，一开始面对陈近洋的到来，政府、法院工作人员接待他的态度都十分恭敬，毕竟没有点知识储备、没有点文化背景不是谁都敢直接状告国家行政机关的，赔款的数额还一开口就那样大。后来陈近洋与法院的来往愈加频繁，还不断提出新的更加离谱的诉讼请求，不断提高要求赔偿的数额，而且每次来尽管都能提出不同的诉讼请求，但诉状写得一塌糊涂，书面的状子远看似乎也是笔走龙蛇的，但近看就尽是鬼画符了，这也让工作人员忍俊不禁。而让他直接用语言来表达就更是含糊不清，没有前因后果，没有条理层次，总是那么几句话来来回回地不断重复，听起来更像是一个醉鬼正在喃喃自语说自己并没有醉。工作人员开始有些疑惑，并忍不住猜测，这人是不是经人指使来开政府、法院的玩笑，拿法律当消遣，还是他其实是脑子有问题？

结果很显然，陈近洋的诉讼请求全部以败诉告终，但陈近洋并不服气，一再扬言要去联合国状告，并散发自己草拟的起诉状。除了向联合国状告这件事无法实现外，其余状告的言论陈近洋基本都实现了，将各大机关轮番控告了一圈。这时几乎所有人都看明白了，这陈近洋的问题是出在脑子上的，靠庭审是解决不了的，虽然不知道具体是哪里的问题，总之这人就是不对劲。于是政府、法院工作人员就劝说陈近洋放弃这种无意义的诉讼，但是陈近洋一见到政府的人就像受到了莫大鼓舞，立刻又对他的告状事业不依不饶、喋喋不休起来，工作人员只好不再理会他。

政府、法院工作人员放弃沟通，但陈近洋没有放弃告状，他几乎一有功夫就去政府、法院坐坐，还逢人就说自己申请复议、诉讼的种种要求，而政府的工作人员早已习惯陈近洋的一贯诡异做派和不正常的思维，因其无理要求法院无法满足，而又无法通过法律途径与其沟通，所以大家不谋而合地对陈近洋采取了冷处理，每次他来，工作人员还是面上堆满微笑地迎接他坐下，送上茶水，然后就一边听他唠叨，一边忙自己手头的工作。陈近洋一个人坐着喝完茶也觉得没劲了，便自己摸索离开，然后第二天依然溜达着来喝茶。政府、法院工作人员尽管耐心接待他，但无理的要求是绝对不会满足他的，时间久了，陈近洋也觉得十分无趣。慢慢地，陈近洋来政府、法院的次数越来越少，后来也就不来了。过了很久以后，突然有一天有人无意中提起，那个成天嚷嚷着要状告领导的怪脑壳似乎很久都没有来过了。

不甘寂寞的退休老人

有的人可以冷处理，但有的人却不可以。

遇到过一位寂寞的退休老人，他不停地去寻求法律争议，目的似乎不是为了结果能得到怎样的好处或是赔偿，只是为了在这个过程中能有人倾听他的心声。

韩老先生是省级科研单位退休的高级工程师，一辈子埋头工作，创造过许多的研究成果，十分受人尊敬。年事已大，终于到了能够停下来享受生活的时候，他竟诧异地发现自己如此孤独，悠闲的晚年生活在老人眼中却充斥着寂寞和无助。许多叱咤风云的老人向往平平淡淡的生活，但韩老先生却在这种平淡的生活中找不到自己的角色了。过去老人是为人崇敬的挑大梁角色，不论哪个年代有事情总是走在第一线，这下子突然静下来，没有人拿以前觉得麻烦的事情来麻烦自己了，而自己的那群老伙计也纷纷老去，没有朋友也不知道如何生活的老人，每天都恍恍惚惚，常常就那么开着电视发呆，一待就是一整天，脑子里全是过去画面的一帧帧回放，伸出手却怎么也握不住地成为回忆流走。

老人只有一个儿子，儿子忙自己的事业没有空去关心老人的生活，也不像很多老人一样有孙子孙女的陪伴以慰藉老人孤寂的内心，无所事事又不愿意闲下来的老人开始想要给自己找些事情做。到底是做了一辈子工程师的高级知识分子，连打发时间的方式都显得那么与众不同、高人一等。当别的老人在喝茶遛鸟打太极，乐呵呵地在胡同口一坐一整天的时候，不习惯享受生活的韩老先生却每天把处理法律争议当作锻炼身体。

老人的第一个重大行动是针对银行。因老人来商业银行柜台取钱时，工作人员未把分币找给自己，这让老人有些不快。但其实工作人员不找分币已成习惯，而现代人已经把不找分币这件事当成共识。因为分币既不能用于消费，也没有收藏价值，多半人不需要分币，也就不会因为这件事和银行争执。而上了年纪的老人却没有将分币当成马上就要随风而逝的历史遗物，反而一再要求柜台人员将分币找给自己，但是工作人员手头没有分币可以去找给老人，尽管柜台的工作人员一再解释，老人还是很生气，一甩手去了人民银行要告商业银行不给找零。

老人不仅去告商业银行，还和人民银行的工作人员讲一番道理，表示自己的行为多么的合乎情理。从银行应该为人民服务，讲到消费者权益，讲到当今社会法治经济，一直侃到世界经济。老人越侃越开心，越侃越精神，越发地停不下来，连其他工作人员看老人讲得太累递上一杯水，老人都顾不上喝。最后老人讲累了，就站起来总结了一下自己此番到来的目的，这才和人民银行的工作人员道别。老人的要求就是让商业银行找零，合情合理，无可非议，人民银行只好要求各商业银行接受顾客建议，设置找分币的功能。可是商业银行也很头痛，因现在的多数人都不愿意要分币，拿到分币直接丢到银行的柜面上，丢得乱七八糟。这个问题并没有困扰银行很久，很快就有聪明人为商业银行找出了解决办法。聪明人的解决办法是，各商业银行都专门设立爱心捐助箱来解决分币的问题，那是专门为客户准备的，让他们可以随手把不要的分币捐赠进去，然后由银行出面统一交给希望工程，当成一项公益。

这个解决的办法是很完美的，既解决了老人的不满，也十分有意义，连老人都觉得无可挑剔，老人无意间成就了一项公益事业，很有成就感，事情便皆大欢喜地解决了。但是老人回到家，仍然是自己一个人孤独的生活，墙壁冷清的白漆也冲淡了老人的喜悦，老人又回到了了无生气的生活。

又一个无所事事的一天，老人帮儿子拾掇家里的卫生整理东西时，无意中发现税务局给自己儿子出租房的纳税通知书上居然没有公章，这让认真谨慎搞了一辈子科研的，不曾因半点马虎犯过错的老人无法忍受，税务局居然犯这样低级的错误，于是老人立马风风火火地到 G 区税务局找局长，反映税务局征税文书不合规章。收到老人投诉，G 区税务局领导很重视，立马要求下属补盖公章。但补盖公章后，老人仍然没有满意，一次次来税务局，投诉税务局工作的不负责任。局长无奈只好放下其他工作亲自来到老人家里，给老人道歉，希望老人终止投诉。

在 G 区税务局局长亲自前往致歉后，老人并没有停歇的意思，反而将投诉变成了向市税务局提起行政复议申请。于是事情就演变成了这样的状况，老人早起吃过早饭，步行、坐公交车一个多小时来到市税务局，而老人充实的一天就从税务局的一杯早茶开始。市税务局工作人员一直尽力与老人沟通，希望老人谅解工作失误，既然公章已经补盖，复议的结果也不过如此，何必每天辛辛苦苦过来，老人年纪也大了，不要因此生气气坏了身体一类的话说了不知道多少。但是工作人员越是解释，老人复议的决心就越是坚定，聊起天来就越是神采奕奕。

工作人员本想做好老人工作，让老人满意地自行放弃复议申请，但显然这个方法有困难，因为大家都不知道老人的真正意图，大家都把老人当成了一个小肚鸡肠的市井老人，方向一开始便错了。老人一见到我，就说："小林呀，你还年轻，不知道法治多么重要……"接着老人开始回忆年轻时出身不好升学艰难、"文革"时天下大乱、支援大三线建设的许多付出……我耐心地倾听，开始发现事情的一些端倪，同时觉得这件事还是得找老人的儿子帮忙。我打电话给老人的儿子，儿子在电话里听说自己父亲的做法后很不好意思，明确表示他对提起复议没有任何兴趣，不仅不是自己要求老人执拗复议的，而且自己对这件事其实并不是很清楚，并且诚恳地表示如果自己的父亲有什么事情做得不对，希望政府不要为难老人，自己会尽快劝服老人，会把事情处理好的。明白了老人儿子的态度，也明白了事情的始末，我就知道这件事情好办多了。

我直接告诉老人不要再坚持了，按照法律规定如果老人对自己儿子出租房的纳税通知书有意见，有权提起复议的是老人的儿子，而作为纳税人的父亲是无权替代儿子提起复议的，如果老人执意申请复议，那么只能联系老人的儿子，请他来处理。听到提起了儿子，老人放松的面皮立刻紧绷起来，宣称他儿子工作太忙没时间处理此类琐事，所以自己才出面为孩子维护权益，似乎很不愿意让儿子知道自己在和税务局拉扯。现在我们知道老人的儿子并不赞同自己的父亲提起复议，而老人又不愿意让儿子介入，我们就趁机以此为突破点做老人的思想工作，告诉老人这件事他本就无权插手的，所以老人无权申请复议，也不该再坚持了。

而此刻老人儿子听说自己的父亲因为自己房子的税务问题正和税务局难解难分，十分无奈，也有些内疚，自己平时忙到无暇陪伴父亲，连父亲去税务局自己都不知道，儿子其实了解父亲的孤独，他知道自己的父亲并不是真想要复议，也不是故意在无理取闹，他只是一个人在家待得时间久了，想要有人陪。后来老人的儿子让我们把电话代转给老人，由他来开导老人。我们隐约听到他在向老人解释自己工作实在太忙抽不出时间陪伴父亲，他希望父亲可以先回家去，不要再跟工作人员争执这一个小问题，并且答应他以后一定会多陪他。老人在接听儿子电话时，不时地频频点头，像个孩子在听老师讲话般，眼神很是专注。儿子不论说什么，老人都听着，脸上露出掩饰不了的惊喜，也有些窘迫，接完电话后就不再提什么复议诉讼的事了。

老人提起的法律争议，其实并不是什么大事，老人在乎的也并不是结果，只是在这个过程中，自己可以有事情做，有人陪自己说说话，自己可以不那么孤独。其实我也明白老人的想法，也是从心底同情这孤寂的老人，但是工作毕竟是工作，公共行政资源不能浪费，即使明白老人的苦楚，也必须告诉老人他没有申请复议的资格，让老人收回他的复议。老人一生都是将国家利益放在自己利益之上的，为难政府工作人员也并非有意而为之，更不是为了一己私欲成心为之，只不过是排解寂寞的一种方式而已，所以人们常说老人年纪越大也就越怕孤独。

像这样的老人若是冷处理，只怕会加剧老人的愤怒，让事情演化到难以收拾的地步。特殊人物，需要特殊对待，也是息事宁人的一种技巧。

不要成为"挡箭牌"

工作时，我们必须牢记法律的要求，法律既然能够被制定，必然有其合理性。人们往往会碍于情面而选择在不违反法律的前提下，适当变通，但是不能碍于各类面子随意变通。变通后的衍生问题，若是没有好的解决方法便是弄巧成拙，会激化新的矛盾，走向息事宁人的反面。

春江公司偷税案的顺利告破得益于税务、公安亲密合作。案件的一开始，王芬按照男友的安排，拒绝配合调查，谎称公司账本遗失，而本人也以出差名义逃往外地。这给税务机关的工作带来了极大的难度，税务机关按照现有稽查手段确实无法查清全案，更加无法将人绳之以法，无计可施之时，税务机关向公安机关报案。公安经侦大队长和税务稽查局长是工作好搭档，也是好朋友，二话不说便接手受理该案并立案侦查，追查到作为实际经营人的王芬男友在合肥的家里，便将王芬和她男友一起查获，帮助税务部门解决了这个棘手的偷税案件。

虽然都是为了国家利益，但对公安部门来说还是很讲感情的。所以税务机关还是十分感恩于公安机关的仗义相助，对公安部门当仁不让地帮了自己一个大忙十分感激，并将这份人情记在心上。

由于春江公司偷税行为已涉嫌犯罪，公安机关将该案件侦查终结移送检察机关。但在起诉前，公安局提出税务机关先行作出税务处理处罚决定的要求，这一要求是不符合法定程序的，因为案件已经在司法机关，进入追究刑事责任程序，没必要倒过来要求税务机关再作出行政处罚。公安机关这一要求可能是为了减轻自己的工作压力，希望税务机关先进行行政处罚，然后以税务机关行政处罚的内容为依据，再追究被处罚人的刑事责任感觉比较踏实，被处罚人就没有借口辩驳了。

其实税务局可以就公安机关觉得不踏实的税务认定问题，给个《税务鉴定》当作证据，一样可以顺利定罪，可是公安机关对税收业务不熟练，心里没底。税务部门若是介入刑事案件，将行政处罚放到刑事责任之前，很容易让此刻自己的身份从行政管理机关转为被告，而事实也确实这么发展了。

在税务机关难以决断的时候，公安局经侦大队长前来拜访税务稽查局长，请求税务部门帮自己这个忙。这让本就十分为难的稽查局长更加不好开口拒绝了。

经侦大队长来到税务稽查局，并没有提及自己之前对税务局的帮助，以此来要求税务局偿还人情。经侦大队长只是一脸憨厚地笑着说起公安局对这个案子的难处，其实每个案子都有各种各样的难处，但能解决的困难便称不上是困难，所以希望税务部门体谅一下，请税务部门先行一步作出税收处罚，这样公安的工作将十分便利，要是有什么后续解决不了的难题或者日后有什么需要公安帮忙的案子，公安部门一定会鼎力相助。说起这些话时，经侦大队长脸上满是惭愧，经侦大队长平时工作雷厉风行，办案决断、为人强势，在抓捕犯人时是铁骨铮铮的汉子，工作原因使大队长脸部表情长年都很严肃，很少有过和颜悦色，笑的时候更是极少的。但此刻的大队长刚毅的脸上堆满了笑，让税务稽查局长有那么一点错愕不适。

私下里公安经侦大队长和税务稽查局长关系很好，何况此时稽查局长看见大队长完全是用近乎恳求的姿态在和自己商量，无法开口拒绝。而稽查局长之前欠了公安部门人情时自己也信誓旦旦地撂下有事情尽管来麻烦自己这样的话，稽查局长无奈，搓了搓手，眼神婉转了一会儿，想想都是为了公家的事，便不情不愿地答应了经侦大队长的请求。对春江公司先进行了行政处罚。

于是王芬在收到行政处罚后，不出所料她在律师和高人的指导下，试图全盘否认自己公司偷税的事实，先对税务部门的行政处罚提起复议，复议被上级维持后又立即向法院行政庭提起诉讼，将税务局推到了行政诉讼案件的被告座位上，一切都顺理成章。因为本案存在着追究刑事责任问题，王芬没有退路，所以是无法息事宁人的。

幸好在这个困难的时刻，我想到了春江公司告税务局的最终目的，是通过行政诉讼来否认偷税事实的存在，最终逃避被追究刑事责任。于是想出了一个极佳的应对策略，即请求法院刑事诉讼先开庭，刑事案件判决后再对春江公司的行政诉讼进行庭审，这样做倒是不涉及违反什么诉讼程序之类的问题，表面上只是改变一个庭审时间，但是对春江公司反过来告税务局的行政诉讼有重要意义。由于该案人民法院刑事受理在行政诉讼先，法院采纳了我们的意见，春江公司偷税案刑事庭先开庭。

在刑事庭审中，鉴于眼前的形势无法改变，王芬对偷税事实供认不讳，这也成为庭审口供记录在案，并被生效的刑事判决所确认。所以春江公司以及王芬行政诉讼请求与刑事庭上其自我认罪形成矛盾，春江公司的行政诉讼先后被一审人民法院和二审人民法院驳回，王芬对税务局的行政起诉告败。

这个税务机关不得不成为"挡箭牌"的故事中，看似最终解决了麻烦，但是并非所有类似的案件都有这样顺利的解决方式。行政机关之间在工作上相互联系，彼此解决些工作上的小麻烦，看似理所当然，但是落实到实际时，还是不要忘记法律，不能碍于人情面子走向息事宁人的反面。

第 七 章

民事活动中的公职律师

　　我们经常听说"民告官"。而"官告民"多数人印象中就是公诉机关追究违法者刑事责任。其实，"官"、"民"之间也存在民事纠纷，民事纠纷中的政府和相对人是平等的民事主体。官告民的民事诉讼，是法治政府严格遵守法律的规定，依法维护政府利益的渠道。

　　政府公职律师，也承担维护政府合法利益的职责，参与政府的民事合同签订、房子等不动产管理。

依法却不心安的拆迁处理

有人对现在的中国法治建设不满意。但回顾过去，从我的办案经历，从国家对公民的私权利保护不断加强，能够感受到中国从人治走向法制，从法制走向法治的不断进步。

政府公职律师，也参与政府的民事合同签订、房子等不动产管理。我刚担任公职律师时，遇到一桩有关政府征用土地，房屋拆迁后续处理的旧事。

当事人章老先生已入暮年，他在儿子的搀扶下踉踉跄跄地来到我办公室，稀疏的白发与沧桑的神情让人有些萧索之感。"我的大半辈子呀，都在为我的房屋操心。"他喝了一口我递上的水，稍稍舒展下眉头，开始向我讲述起他和他房子的故事。除了讲述与本案直接相关的内容外，他还向我讲述了一些与他房子相关的历史经历。

章老先生的老房子建于民国时期，位于杭州的老城区市中心的老街珠宝巷内，听这个名字就能感受到这是一个曾经繁华的地点。他的老房子临近一条小河，在一座幽静的小院中有十多个房间，是一个闹中取静的优雅所在。

随后发生的房子故事绵延了半个世纪，这半个世纪是中国社会变迁风云激荡的半个世纪。岁月如一条大河，时间冲刷后使一些事情的棱角和细节变得不再那么分明，但又会使一些事情的发展主脉更加清楚。在倾听章老先生的过程中，我能体会到老者口中吐露的一字一句，都饱含着他对人生变迁、世事无常的慨叹；也能深深地感受到人治与法治，对一个小业主，对一处老房子的巨大影响。

解放前的他只是个小业主，辛勤劳作、省吃俭用，加上章家前几代人的积蓄，才买得起市中心的土地，建成了这处房产，它成为章家凝聚几代心血为后代搭就的遮蔽之处。那时候的他年近四十，新置屋产，正是人生最鼎盛的时期，但没有雄心，只是梦想着在新房子里发家致富、子孙满堂。

解放了，大家写标语、做彩旗、扭秧歌，欢庆砸碎了旧社会的制度枷锁，期盼着没有财富差异、人人平等的新时代。快到中年的章老先生也非常兴奋，庆贺颠沛流离的战乱日子结束，终于可以在自己心爱的小院子里安居乐业。然而，经历了大动荡和大颠覆之后的社会，又开始了大大小小的改造运动，章老先生的房子也成为遍及全国的社会主义改造的一小部分，目标就是为了洗去那个"私"字。

"经租房"对现在的很多人来说已是一个陌生的字眼，这一个词汇来源于1956年1月18日的一份中央文件，这份文件提出了对城市私房进行社会主义改造，"由国家租赁"，即"由国家进行统一租赁、统一分配使用和修缮维护"。而这个历史上曾存在的事物，对于那时候的一部分人来说是刻骨铭心的。正如曾经历"经租房"的章老先生一家一样，许多人与他们家族的命运因为这三个字而改变。

他们家原本的十多间房，只给留下了4间"自住房"，其他的都被经租。"不经租行不行？不行！（他们）没有法律依据，每天给房主开会，让房主非得同意不可，不同意不让回家！"章老先生说到此处情绪略有些激动，透过他的神色，那份辛酸与无奈似乎又重现脸上。

"改造后国家也应有按规定交还你们的房租吧？"尽管对当时的政策有些了解，我还是有些惊讶，向章老先生询问了他本人的后来情况。

"每家发了一个小本本，每月到银行去取 49.95 元的租金。"最初的时候，"经租房"的租金对章家来说还算够用，生活的变化并不是很大。但在物价不断上涨后，这 49.95 元逐渐变成了杯水车薪。而在 1966 年 9 月，红卫兵一纸大布告贴在了门上——"勒令私房主交出房契，不交者深挖罪恶的根源。"

"光是房屋经租还不够，连房契都得交吗？不交会怎样呢？"我略带惊讶地问到。

"都是小业主，都是小业主啊，谁敢不交？"章老先生语气变得有些喃喃，他告诉我，就在红卫兵收了房契之后，那可怜的 49.95 元的房租，也即刻停止了发放，但是对于停止发放房租的缘由他们却没有给出任何的解释和说明。

直到 17 年后，中国进入改革开放时期，社会秩序恢复的同时开始法制建设。依照新的政策规定，章老先生的"经租房"才又被认作是他自有房产的一部分。章老先生感到喜出望外，心想自己的家终于又能完完全全地属于自己了。但是在具体落实这件事情上，一个新的状况让章老先生犯了难。那些已经在他家房子中"经租"了十几年的房客是迁不走的，这里对于他们来说也早已是落地生根的家。因此恢复产权对章老先生来说，只能意味着继续领取 49.95 元的租金。

除了房屋已不能再为自己使用外，章老先生发现他们十几年前被"经租"的房屋结构，也已经发生了天翻地覆的变化。被"经租"的房屋内拥挤地住着六七户人家，原来尚显宽敞的院子中被隔离出了小间以作厨房与临时房屋之用，清幽雅致的旧地成了闹闹嚷嚷的大院，这让章老先生一家人倍感唏嘘，失落感与无力感使他们感到手足无措。政府见此状况，"补偿性"地又归还了章老先生两间被"经租"的住房。但当他们想再要回自己的所有房子时，得到的一句话是："那是经租房，租客是不能随便赶走的，否则会影响安定。"再问，就是"没政策"。

章老先生简单平实的意识里，是自己的东西，就应该是属于自己的——比如说他的房子，就始终应该是他的。随后一段时间每天天刚蒙蒙亮时，他就会神经质地起床，手持一把木棍，"啪啪"作响地敲打着地面，四处巡视他被"经租房"租客占用的房子，"就像一名领主巡视着他的领地那样。"章老先生儿子说，他的父亲一辈子不抽烟不喝酒，辛劳置业，房子就是他的命根子，那时候的他散着白发，围绕着房子一圈圈地转，家里人都被吓坏了。

唠叨章老先生房子的前半段故事，只是为了反映从人治走向法制，影响着每一个普通公民的私权利。他之所以找我，是因为后来发生的房屋拆迁需要处理。

在章老先生的房屋落实政策后没多久，因要旧城改造，他的房子位置按城市规划将建设办公楼，需要拆除。按照当时的《杭州市城市房屋拆迁管理条例》，房管局的工作人员专程到章老先生家里说明了这一情况，随后由上城区拆迁办的工作人员进行了现场勘测和记录，并将过程交上城区公证处进行公证。建设单位和房管局的工作人员在章老先生家时，礼貌地出具了一系列相关材料，其中包括补偿政策等。他们边测量边开导章老先生道："城市发展是大家共同的心愿，希望你们能支持。我们也是秉公办事，拆迁都是走正规流程的。"尽管交涉方式并不似"文革"时期的粗暴强硬，但是章老先生一家对于长期生活的旧居又要被拆迁，还是感到不是滋味，但想想被"经租"的房子，又能如何呢？

章老先生在这一小院中已经居住了大半辈子，这里的一花一草他都是如此熟悉。一想到要搬离这里，一股难以割舍的愁绪便涌上他的心头。但是看着拆迁办的工作人员面带微笑、简单解释几句就开始工作，章老先生意识到，拆迁这件事情其实没有什么缓和余地了。

"我们并不想同意拆迁，先不说补偿款项，这房子是我这辈子的盼头，我们祖孙几代人多少年了都生活在这里"，章老先生说。根据当时的勘测记录显示，章老先生私房建筑面积为 133 平方米，另有在他家院子里搭建的违章建房 96 平方米。按照规定，违章建房不能予以补偿。但章老先生却不这么认为，"违章建房是由于历史原因造成的，房管局应该考虑动乱年代政府瘫痪的历史原因，发证时漏登记不应该由我们来承担不利后果"。章老先生对这一勘测结果，尤其是"违章建房"的说法感到忿忿不平，但他确实拿不出那些"违章建房"的合法批文，要求同等补偿缺少理由。

后来章老先生同建设单位和房管局进行了多次协商，各方才都做了一些让步。房管局按规定标准给予章老先生从高补偿，又考虑到章老先生房屋有其他公用部分未办出证明的，又另加了一些补偿面积。最终确定对其私房的拆迁安置及有关补偿面积为 139 平方米。房管局的工作人员私下告诉我，其实他们也很同情章老先生的境遇，所以才在原房产证登载的面积之外，给章老先生添加了稍许补偿面积，也希望对方能够就此接受拆迁条件——事实上，在当时，章老先生一家也确实是勉强签下了字。历经许久，终于以章老先生分到城西的两套住房而告终。

章老先生搬入新居后，没了当年小院的旧情旧景，生活似乎也变了些味道。这样的不适感，加上原本心里就存留的"勉强感"，章老先生和他的家人对比了老房子和新居的房屋地段、居住环境、居住面积后，还是觉得吃亏了，于是就房屋面积"漏登记"部分尝试再去上访。

这时，行政法治理念逐渐深入人心，对公民的私权利愈加重视。房管局的工作人员一次次接待了这一家"老面孔"，耐心地做着说服工作，但是官民相互间很难再度达成共识。直到 2003 年，在章老先生上访近十年后，房管局从社会和谐角度考虑，翻阅了房产档案馆里当年的图纸，考虑到那部分"漏登记"的房产已被拆除多年，对当时确切的情况也很难作出准确的辨析。于是给章老先生出具了一张打印在 A4 纸上有公章的信访回复，回复内容大致为同意给章老先生补充增加些私房的建筑面积，这也算是章老先生在不懈努力中终于获取的一点回报。

房管局的 A4 纸信访回复，建设单位和我事先并不知情，是章老先生的儿子事后转述给我的。章老先生的儿子在向我讲述这一情况的时候，面带希冀，盼望房产事情尽快解决和盼望父亲安下心的情绪溢于言表。章老先生的儿子告诉我，老先生的健康一年不如一年，他从少年时攒下积蓄购房，一直贯穿到终老时为拆迁奔波，房产伤痛了他的心。即使暂时忘却这许多痛苦，但只要一提起，就如一根软刺，始终深扎在他的心中。

作为建设单位律师的我，了解章老先生人生境遇后，也有一份同情心，希望这位一生渴求安居乐业、稳定生活的老人能够安度晚年。我劝导老人的儿子说，拆迁问题复杂又艰难，利益相关方不仅他们自己，还有拆迁单位、房管局，以及同地段的其他拆迁户，大家都要遵守国家的拆迁法律制度和相互间达成的协议。拆迁户要体谅国家和政府的难处，不能提出太多、太高的要求，否则问题将更难得到妥善解决。

另一方面，我向单位领导反映，要求对章老先生的来访予以重视，并为此先后三次到市房管局调查情况、沟通信息，以求尽快解决章老先生拆迁补偿的遗留问题。毕竟穷极一生为维护"自己的东西"的章老先生并不容易，而我们也希望迎来事件解决的曙光。

然而，增加原《拆迁安置及补偿协议》的补偿数目，也存在一系列难题——首先是杭州市房管局给章老先生儿子出具的一张 A4 纸信访回复，是否具有改变当事人双方民事权利义务的法律效力；其次是章老先生的私房在落实政策发还产权面积时，其计算依据是否准确充分；最后则是章老先生提出的要求与当时的政策、法律是否符合，会不会对其他拆迁户产生新的不平衡，甚至引发新的矛盾。

谨小慎微的我，在没有充分法律依据的情况下，不敢擅自改变原补偿协议中的补偿数目，给予章老先生以直接帮助。我提出解决这个案子需要有文件依据和法定证据，建议章老先生，根据政府职能分工，继续到市房管局，要房管局给我单位提供改变原产权关系，重新确认章老先生私房建筑面积，能产生新的法律效力的文书，作为解决章老先生拆迁补偿遗留问题的文件依据。

就章老先生一家的反应而言，他们知道我不是有意为难他们，也知道我讲的是有法律依据的，但不愿完全接受我这一系列的说法。用之前的话来说，章老先生年纪大了，已不完全相信法律，只是想要拿回自己的房子，或者是说，与自己的房子相当的补偿。

后来，章老先生一家又去找了房管局，要求房管局提供除信访回复外，另外能改变原《拆迁安置及补偿协议》效力的文书。但拆迁完成已经十多年，想要从房管局拿到信访回复不容易，要房管局提供另外依据更不容易，现实操作的复杂程度还是超过了他们的想象。后来，我再没见过章老先生一家，也许房管局用其他途径解决了他们的难题；也许，章老先生已经老了。

在当下，像章老先生一样还活在世上的"经租房"产权人已经不多了，他人生的大起大落，每一步都与自己的房屋息息相关。章老先生的经历是一代人的经历，他房屋的拆迁与新中国成立初期"经租房"政策相比，还是体现出中国从人治走向法制，从法制走向法治的巨大进步。他的拆迁程序是依法进行，并给了相应补偿，但是在实际执行过程中，拆迁法律条文的规定与被拆迁户的期望还是有很大差距，被拆迁户的自愿中还是有些许不自愿。也许，我们的法律修改得更合理，拆迁工作做得更人性化，章老先生晚年痛苦的记忆就可以进一步减少。

时间久远之后，法律经历愈加丰富的我回想起这件事，开始怀疑自己当时的应对，虽然过程中我也依法履职，但是否太法律教条主义了？特别是很久没再见到章老先生一家后，内心出现了一丝不安。

不归还公房的前员工

员工的住房是中国式单位的传统大事，政府机关也一样。高房价的压力下，单位能提供房改房、经济适用房，是多少员工的梦想，但许多人的梦想最终只能是梦想。然而，却有人一人占用多套住房。所以，单位的公房要统一清理，大家都挺理解的，包括在职的员工在内，大部分公房都已经陆陆续续收回了，就是有一户"钉子"。为此，单位的房改办主任找我，他的表情中显露着无奈与烦扰，与我见过的许多当事人颇为相似。

"我是为了单位的一套公房的事情来的。"他坐下，喝了口水，皱着眉头开始讲述，"占用这套公房的员工刘会计已经离职多年了，但是在接到我们的通知之后，还是迟迟不肯交还房屋。"

房改办主任回忆，房改前，单位将朝晖新村 3 楼 60 平方米的公房分配给刘会计居住，房改时，刘会计陈述自己居住面积的狭小和生活的不便。单位照顾他，将文教区沿街小区 6 楼 70 平方米的一间公房作为房改房分配给刘会计，但要求刘会计归还原先居住的只有使用权的朝晖新村公房。安排的新公房地段我也有些了解，在文一路，位置不错，毗邻着繁华的商业街，大学城在不远的地方，交通十分方便，新分配的公房与刘会计的旧房相比，面积稍大，格局相似，总体情况略好，也不会对刘会计造成生活上太大的不便——单位这样的处理方式可以算是合情合理，尽了职责。

面对这样的条件，刘会计也当即应承了下来。之后，刘会计和单位签订了《职工分（换）房合同》，同意分到新房三个月之后交出朝晖新村

3楼旧公房，若逾期未搬迁则交纳违约金。白纸黑字，条条款款都写得十分清楚，我们便将他的签字当作诚意。于是在十五年前，刘会计向单位购买了文教区沿街小区6楼公有住房，举家迁入。在刘会计一家换住处安顿期间，单位欢欢喜喜地等着他把旧公房退出后安排给无房户——却又没想到，得到了新公房的刘会计，突然变了卦。

房改办主任谈起这事，神色除了无奈还有些忿忿，他告诉我自刘会计得到了文教区沿街小区的公有住房产权之后，他们一家还是一直未从朝晖新村3楼公房搬迁。刘会计一家既然有了补偿的新公房落脚，旧公房还是赖着不走，甚至不惜违约，着实也让人有些费解。我拿着案宗随口对身边的同事吐槽了几句："被单位一直催着还公房，还时时刻刻面临着违约被起诉的风险。况且新房子住着应该也不差呀，真不知道他是怎么想的。"同行倒是被我说得笑了："有些人呀，有便宜可占，才不管法律规章怎么说呢。也可能啊，是家里人住宅关系还协调不好。"我向同事摊了摊手，转头重又埋进这个案宗，说起来，刘会计是原单位的已离职职员，那他现在都在做些什么工作呢？我进一步向房改办主任了解了刘会计的情况，又亲自去找了一些历史资料。

刘会计由于个性的原因，利用自己的专业知识和多年积攒下的人脉关系，购房不久后离开原单位，选择了下海创业。"下海创业"这样的字眼确实对每一个雄心勃勃的人来说都非常具有吸引力，刘会计也不例外。在一些老朋友的劝说和"捞金"的诱惑下，刘会计作出了下海创业的决定，踏上了自主创业的道路。那时候他的妻子并不支持他的行为，毕竟原单位的工作比较稳定，久了也就是一个"铁饭碗"，下海的风险太大，什么情况都可能发生。而且家中的经济条件又不算差，她更想要安安稳稳地过日子。但是刘会计十分不赞同，他觉得男人就应该出去闯一闯，也许会赚到更多的钱，可以买房买车，没必要待在单位里每月领领薪水，等着几年后领退休金。老同事们对这事有些了解，说："他们两夫妻为这事儿也闹过，最后还是媳妇妥协了，让老刘去捣鼓他那自主创业。"然而商海游泳不容易，没有经验的刘会计"捞金路"最终还是走得坎坷崎岖。因为缺乏资金，又没有得力的合作伙伴，最开始凭借满腔热情打理起来的自主创业逐渐走了下坡路，长期的亏损让刘会计几乎要陷入血本无归的境地。生意上的失败让刘会计感到苦闷异常，而在家中，原本执意阻止他离职经商的妻子对他更是没有好脸色。"好好过日子有什么不好，非要学人家下海，又没人家的本事！"妻子气急而骂，刘会计的心情则更加烦躁。沉默与争执并不能使妻子理解自己的心情，反而使妻子不满的抱怨变本加厉，两人之间的隔阂越来越深。在多次激烈的争吵后，夫妻俩一纸协议，离了婚。

说起往事，老同事们对刘会计的经历很是惋惜。原本一起生活的两个人，因为这些矛盾而分道扬镳。但情义既断，在一起生活许久的牵连却一时难以完全划清界限。念着离婚后前妻不便安顿，刘会计便将朝晖新村3楼未退还的公房让给了前妻居住。在单位提出购新公房还旧公房的要求后，刘会计虽然签下合同答应交还，却一直未付诸行动。

虽说家家有本难念的经，刘会计在事业上不顺利，在家庭中也得不到理解。心态的恶化反而引发他对单位的不负责任。每隔一两年，单位都发一次书面通知给刘会计，催促他退还朝晖新村3楼公房，但刘会计对此总是无动于衷，甚至直接表示："这套房子给了我的前妻，我不归还了。"

这么"赖皮"的行为，真是让人觉得啼笑皆非，我告诉房改办主任，刘会计这样的说法是非常不合理的，一旦需要，我们随时可以采取法律手段维护我们的利益，房改办主任也对此表示了认同。

谁知，事情的发展还是让我们始料未及。房改办主任再次见到我的时候，告诉我那套房子中住的已经不是刘会计的前妻。估计是他的前妻新找了住所，这套房子里住的应该是个租客。

"她将那套房子还出租给了别人？"我有些吃惊，面对单位的频繁催促和法律压力，刘会计的前妻还能淡定处之，不仅牢牢"咬定"了这套房子，还将它租给了别人，像什么事都没发生一般收着租金，"定力"也真是不一般。我立即表示，可以采取一些适当的措施向刘会计和他的前妻施压，敦促他们尽快搬走。

其实时间拖沓了这么久，单位也被这件事情磨得快没有了耐心。房改办同志急不可待地前往朝晖新村刘会计的旧公房处，依法采取了封条封门、大门外封铁框等措施。叮叮当当地忙活了一阵之后，大大的白色封条已交叉盘亘在房门上，新封的铁框也在大门外闪烁着冰冷的光芒。"这下没法住人了吧。"单位派来的人擦擦额际的汗，"要是他们讲点道理，何必还要我们这么干。"

做到这一步，即便刘会计与他的前妻还是不想妥协，他们也没有办法大摇大摆地出入朝晖新村的旧公房了，我们都希望着在当前的情况下，他们能够识时务地把房子交还，让这次的事件早日收尾。直到没过几天，房改办主任又怒气冲冲地找到我，这时候他们的情绪不免激动起来："刘会计的前妻把我们上次封上去的封条都撕了，铁框也让人砸开了。"

现场的情形与房改办主任说的无异，原先贴在门上的封条被清除了，只留下一些粘连在着胶处的纸痕，有些讽刺地点缀在门板上。大门处的铁框被粗鲁地撬开，铁框也被移除，就只能看到门上留下的一些凹痕。现在住在此处的那户租客不怎么明白缘由，但也依然在这套房子中自由出入着。那天较晚的时候，刘会计的前妻回来了一趟，正巧与在现场满腔怒火又一筹莫展的房改办主任遇上。"她反而是恶人先告状！"房改办主任异常不满地对我说。刘会计的前妻看到在朝晖新村房子前的他，开口便是尖锐的质问："我的房子上的封条是你们贴的吧？那个框框也是你们装上的吧？我告诉你们，这房子是我的。之前你们单位把房子分给了我前夫，现在我也跟他离婚了，你们倒是去跟他要啊。我不欠你们的，房子也不会给你们！"

刘会计前妻的执拗劲也是丝毫不输那些拆迁"钉子户"啊。只是拆迁问题尚有补偿赔付等余地可谈，在他们的问题上，单位不仅补偿了新公房，还好声好气与他们协调了这么久，也够仁至义尽了。要是他们不是这么置之不理，甚至觉得理所当然的态度，自然也不会把我们逼得不得不采取强硬措施。

在这段时间多次尝试要回旧公房无果后，单位领导的法治理念很强，我们决定不使用简单的行政手段，而是向法院提起诉讼，运用法律手段维护公有财物。法院民庭立案受理期间我与房改办主任多次见面，反复查找历史档案，整理了庭审需要的所有材料，他说单位方面自然是希望这次庭审能一鼓作气解决掉这个麻烦的疙瘩。我们有着充足的证据，这次的事，前前后后也都是刘会计那一方理亏。我思量着，刘会计和他前妻的气焰，是否也会在这一纸法院传票面前收敛几分。

庭审当天的天气不错，我一大早便精神抖擞地穿上西装，再次整理出庭材料，确保没有遗漏，做好了出庭的准备后赶往法院，刘会计和他的前妻也按时到了庭。打了照面，对方的神态依旧不显退让。我深吸一口气，对这场庭审也不敢懈怠。在庭审中，我方作为朝晖新村3楼公房的合法所有权人，请求人民法院判令被告刘会计立即搬离朝晖新村3楼公房，并将该室大门钥匙交还原单位；并根据《中华人民共和国民法通则》第八十四条规定，债权人有权要求债务人按照合同的约定或者法律的规定履行义

务。由于刘会计与单位签订过《职工分（换）房合同》，因此我们还请求
人民法院根据该合同的约定，判令刘会计支付因逾期未搬迁而产生的违约
金 37500 元。

在陈述完上述内容后，我们出示了此案中相关的合同、现场照片等证
据。而刘会计与他的前妻却还是不以为然，他们拿出了早先与单位签订租
住旧公房的合同，试图显示他们有居住的权利，刘会计忍不住亲自开口
说："在他们让我交还房屋之前，我就跟我前妻离婚了！那套房子我给了
我前妻，现在一定要我还回去，你让我前妻住哪儿？哪有这样的道理！"
对方明明无理却还振振有词，我越发冷静下来，强调了证据中一系列法律
文书的意义与效力，并且证实了刘会计以及刘会计前妻在单位采取措施后
仍然负隅顽抗，继续着违约行为。庭辩随着时间的推移，刘会计一方看起
来渐渐力不从心。法不容情，法律终究还是支持有理的一方。

经过这一场激烈诉讼，法院最终判决我方胜诉，强制刘会计及其前妻
搬离旧公房。

当诉讼成为租户的营利手段

单位的教育培训中心位于闹市区，为了增加国有资产收益，教育培训中心通过招租的方式以每年 10 万元的租金把一楼的商业用房出租给陈先和、杨美丽等 6 人，并和这 6 名租户签了为期五年的租赁合同。

不知不觉，教育培训中心和这 6 名租户的租赁关系已走上第五个年头。随着经济的不断发展，周边商铺的租金已是当年的几倍，当年定下的每年五万元的租金和现在的市场铺租价比起来真是太低了。眼看为期五年的租赁即将到期，教育培训中心决心将原有租金提至每年 20 万元。其实这一租金比同地段其他租金还是低了 20%，这么做还是顾及租户们的心情的，比周边稍低的租金能让老租客得到实惠。

没想到教育培训中心一提出提高租金的事就受到了老租客的抵制，尤其是陈先和、杨美丽两户，反应尤为激烈，一口咬定五年前当时的教育培训中心老总曾答应他们，房子五年到期后，还会以原租金价格给他们续租，还声称要是教育培训中心执意提高租金，那么就算租赁合同到期也不会搬离，除非等到教育培训中心同意以原租金继续租赁给老租客。

本以为在经济发展如此迅速的现在，提升租金只是顺应市场经济发展潮流的行为，相信和原租户多沟通沟通就能让他们同意，没想到租户们不按市场经济规则办事，只认准了租价涨高、成本增加这个死理，竟在陈先和、杨美丽的带领下结成统一战线都不同意提高租价，这真的是教育培训中心万万没想到的。万般无奈之下，教育培训中心的王总只能求助于公职律师的我，通过法律途径解决问题。

很明显，这是一起很普通的民事纠纷案件。但我为什么要详细地讲述这么一件普通的案件呢？并不是因为案件复杂难判，主要是因为对方胡搅蛮缠，可以说是我十多年律师生涯中少见如此蛮横无理的被告人。现在我就来详细讲述一下案件发展过程中的曲折和困难。

2011年1月26日，人民法院民庭正式开庭审理此案，教育培训中心王总和我分别作为原告法定代表人和代理人出席，这也算是我和被告的第一次正式见面。被告6名租客中有3名放弃了出庭应诉，另外3名则一起聘请了律师出庭，3名租客中包括了陈先和、杨美丽两人。此时，离五年前签订的租赁协议到期时间已经过去快一个月，也就是说在这一个月内，6名租客仍然"霸占"着培训教育中心的房子，并未作出任何归还的打算。故事讲到这里，可能大家觉得我用"霸占"一词，肯定是带了些个人主观色彩的，但我想说，被告之前交房租都是每年12月底结清，而现在虽说已经超过租期，可双方把这事闹上了法庭，当然原告方也没再去问他们讨要房租，而被告更是对此事一字不提，更别说涨租金的事情了。大家说说这不是"霸占"是什么呢？

而这次开庭，我也信心十足，因为之前我已向王总和被告口中曾经答应他们的前任教育培训中心老总反复问证过，他们的答复都非常一致，并没有关于续租的承诺，更没有相关书面凭据，这让我感到无比轻松，但也不能放松警惕，毕竟我听王总说过陈先和、杨美丽两人是有多难打交道。开庭当天，我方出示了当时的租赁合同、手续等证据，并指出租客方的说法不符合客观事实，当然也不符合当时合同仅签五年租期的逻辑。尽管陈先和、杨美丽在法庭上仍旧强词夺理，表示五年前的教育培训中心老总有过承诺，表示五年租赁到期后依然会按照原价续租给他们，但他们无法提供任何真实凭据，这理由也违反正常逻辑。最后，理所应当的，法院宣判原告胜诉，并责令被告在规定日期内及时搬迁。显然判决结果陈先和、杨美丽早已预料到，他们当庭表示继续上诉。

当时我着实很奇怪，案情简单、法律明确，上诉无非只是拖延了些时间，在这种几乎毫无胜诉可能的案件中，对方继续上诉又有什么意义呢？难道他们以为还真的会有所谓的"奇迹"发生吗？这令我百思不得其解，但还是做好了二审的准备。

果不其然，在一个多月后的二审中，法院维持原判，最终结果当然还是以被告败诉告终。

庭审结束后，本案件算是告一段落，就差执行了。而我也忙于其他的法律事务。正当我渐渐忘却这起案件时，我突然接到了一个熟悉的电话。那是五一过了没几天，刚刚开始上班的我，假期的懒散还未退却，这天上午，我坐在办公室里打着哈欠，电话突然响了。

"喂，您好？是林律师吗？我是教育培训中心的老王。"

"你好，我是林律师。请问有什么事吗？"我有些摸不着头脑。想了好一会，才想起来，哦，是几个月前的那起关于房租的纠纷案件。

"啊，是这样的，您还记得当时被告是6个租客吧，有3个人前些天已经搬出去了。我原本以为剩下的陈先和、杨美丽他们二审结束就会搬走，可您看五一都过了快一礼拜了，他们还是一动不动。我们不是也为了增加国有资产收益么，我们教育培训中心还打算租给其他客户呢，他们就这么赖在那儿也不是事儿啊。昨天我上门打算跟他们问个明白，谁知道连店面都被换啦！林律师您也就送佛送到西，帮帮我们吧。"

我一听，更是一头雾水，这被告在搞什么鬼？还是亲自去看看再说吧。连忙和王总约了个时间，打算一起去他所说的新店面打探下情况。

当我和王总来到教育培训中心，果然发现几间商铺最左侧的一间已经搬空了，玻璃门也上了锁。但和它形成鲜明对比的是隔壁两开间商铺的快餐店，广告牌的颜色还很鲜亮，很明显是刚刚翻新不久。正值中午，快餐店里的生意很是不错。我们一脸疑惑地走了进去，打算一探究竟。

我们装作来吃饭的，一边点了几个菜，一边向店里的招待套近乎："哎，这里之前不是个小吃店么，怎么过了个年变成快餐店啦？"招待笑着回我们："说来可巧了，这里的房东和我们老板是朋友，年前我们老板一直在找地方，可一直没找着，然后这里的房东就说把房子暂时租他半年，租金也收得比其他地方低了许多。你说算不算捡了个便宜啊。"

王总急忙问："你们那个房东叫啥？"

"叫啥我不清楚，只知道姓陈吧。"

我和王总对视一眼心领神会，没错了，一定是陈先和！原来他们迟迟不肯搬迁，一直不交租金占用公有资产，还把店租给了别人，坐收另一笔租金，为的就是利用诉讼拖延时间营利，真是好手段啊！

"你联系过陈先和吗？"

王总一脸为难地看着我说："之前我打给陈先和，他居然停机啦，一定是为了防我们，这可怎么办嘛！"

我想了想转身又问那位招待："你可有你们老板的联系方式？"

经过快餐店的老板，我们终于打通了陈先和的电话。当我们质问他为什么拒不搬迁时，他更是理直气壮："哎哟，我官司都打输了你们还来烦我……既然法院还没来收房子，那我再用会儿有什么关系嘛！你们是大单位，还计较这几个小钱？让我们小老百姓也赚点钱养家糊口啊……"

"这么不讲理的人，我还真没见过，"王总气得快讲不出话来，"林律师，你看……？"

"向法院申请强制执行吧，法律会主持公道的。"

2011 年 5 月 27 日，人民法院批准了原告教育培训中心要求强制执行被告陈先和等 3 人搬迁的申请。责令被告必须在 3 个月内搬离租房，一并结清拖欠租金。

法院也安排了相关执行人员多次前往，对被执行人进行接触和劝说。第一次我与他们一同前往。那是我时隔 3 个多月再次见到陈先和。他一看到我，先是不屑地撇了我两眼，随后看见我身后法院的执行人员，似乎态度有所好转，客套地问候了几句，随后便装作很为难的样子："干嘛这么着急呀，法院判决虽然我们败诉了，但我们还要继续申诉呢。大法官，您说申诉出结果是不是还要一两年？您再等等。再说，执行期不是有 3 个月么，你们这么急着来，我们哪里来得及搬啊，你看快餐店生意还挺不错的，哪能说关就关是不？"又掉头朝我们说："这是公家的房子，又不是你们自己家的，这样急，脑子有毛病啊！"

执行人员对这种人见得太多了，根本不吃这套："这商铺本来就不是你的财产，况且你的租赁合同已经到期，你也没理由强赖在这里了，再不搬走，我们法院就要强制执行了。"

陈先和一听这话，自知"求情"没戏，瞬间不耐烦了："知道了，知道了，到时候我们会搬的，好了，人家的快餐店还开着呢，别影响他们做生意了！"说完就走进里屋，把我们晾在了一边。为了不影响更多无关的人，引起不必要的麻烦，我们只好悻悻离去。第二次、第三次的情况我没再跟去，只是听王总说，陈先和的态度越来越差，最后竟然避而不见，手机又换了，人也联系不上。

眼看3个月的执行期届满，杨美丽也搬走了，陈先和还是未搬出商铺，他本着"不撞南墙不回头"的心态，仍然置之不理。

2011年9月3日，法院决定强制执行，并联络了当地派出所及居委会派员协助。这也是我在本案中最后一次见到陈先和。清场前，执行人员最后一次与被执行人进行协商，执行人员手里晃着手铐，强调拒不执行法院判决还可司法拘留。

陈先和看到现场警车都来了好几辆，终于彻底软了下来："我搬还不成吗，这点事哪用得着惊动派出所的民警呢？"

执行人员笑了笑，指着他说："你早点这态度，哪里会到现在这个地步呢？用诉讼来赚钱，你也真是掉进钱眼里了！"

最后，陈先和当场签下了保证书，希望法院能再给些时间，并承诺一定自行迁出。法院出于"和谐执行"原则，同意被执行人在一个星期内迁出租赁商铺。

案件到这里，才算完全结束了。若陈先和等人早日搬迁或者退一步以提高后的租价续租，那么这租赁关系诉讼和强制执行从一开始就可以不发生，同样这也是我们不愿意发生的。但当租户每拖延一天搬离，意味着能赚取 547 元时，繁杂法律程序有时会成为某些当事人滥用诉讼，获取利益的手段。

半斤茶叶的感谢

公职律师为政府部门服务，办案不能收费，公职律师的收入与社会律师比较，难免有很大反差。对于淡泊明志，宁静致远，不很看重金钱，不把经济收入作为主要追求目标的人，是个合适的选择。

公职律师不收费，为政府部门服务之余，可以多帮助朋友和同事。我除了为单位提供法律服务，有时空暇也帮助同事起草法律文书、分析法律关系，甚至提供法律援助。

单位后勤中心的一位临时聘用人员，工作虽然还算稳定，但月薪不到3000元。他老婆小霞是位在旅游旺季的临时导游，旺季的时候收入还不错，但是一旦到了旅游淡季，小霞就常常会面临很长一段时间都无工作可做的状况。两人带着一个孩子在繁华城市艰难打拼，不丰厚的收入，只能勉强维持三口之家基本的生活。

然而天有不测风云，有一天小霞和一位朋友在马路边等出租车时，一辆别克车的司机边开着车子，边跟副驾座的朋友聊天，这时候道路前方的绿灯将要转为红灯，别克车司机急着想冲过去，没有注意到路边的小霞，车子疾驰中，把小霞撞倒在地。当即小霞只感觉到了一阵剧痛，便失去了知觉。

小霞的朋友大声呼救，和别克车司机一起急急忙忙地把小霞送到医院。小霞在病床上昏迷了半个多小时才渐渐苏醒。在一番诊疗、拍片的折腾后，医生给小霞下了诊断：脸部两处骨折，手臂两处骨折，脑部内伤尚待观察。小霞一边忍着痛楚，一边开始为将要劈头盖脸袭来的医药费发起了愁。

　　这场交通事故，交警大队出具的事故认定书确认，别克车司机负事故全部责任。这一点，别克车司机自知理亏，自然也是没有异议。但是自事发后，除了当场将小霞送往医院救治外，别克车司机只到医院看望了一次小霞，付了前期的一点医疗费用，又留了少许钱。这些钱对于小霞的整个治疗过程来说无异于杯水车薪。而别克车司机发现后续治疗还需要很大一笔费用后，便再也没来过医院，也再没通过任何形式和小霞一家联系过。

　　小霞的丈夫万分无奈，经由多方辗转，联系上了那个别克车司机，要求他继续支付小霞的医药费："兄弟，我老婆现在在医院里伤还没好呢，交警大队说了是你全责的，你咋能这样，在我老婆治了一半的时候就跑了呢？"别克车司机心烦意乱，只冷冷地回他："我也是个外地来杭州打工赚钱的，后续治疗是个无底洞。这么多钱我一下子哪拿得出来，送你老婆去医院，一开始的钱我也付了嘛。再多的钱，我也付不起了。"

　　司机不愿意承担交通事故损害赔偿责任，又不接受调解。小霞在医院住了一段时间，医药费一日日累加，夫妻俩越来越难以维持，很快便欠下了医院一笔钱。小霞担忧着家里的经济状况，急着停止治疗。但是小霞的伤痛未愈，怎么可能说停就停。小霞一家想到法院起诉肇事司机，可不会写诉状，更不知道开庭怎么应对。找到一家律师事务所咨询，律师估算了下工作量，报出诉讼代理费 8000 元。

　　诉讼代理费 8000 元，对于没有节余的小霞一家来说，也是个不小的数字。尤其是官司还没开打，先要付出，更令人犯愁。小霞的丈夫怯生生地向我求助，他们怕我没时间，也怕还不起人情。我明确和他们说，我是公职律师，小霞丈夫在我单位工作，有困难提供义务帮助是理所当然的。

　　我很同情他们的困境，立即着手帮助他们收集交警大队出具的事故认定书，对照交通事故赔偿标准，一张张整理小霞的医药费单据，形成交通事故赔偿清单和许多证据。小霞的误工损失计算是个难题，在"零、负"团费恶性竞争下，导游的收入大部分来自游客购物的提成，小旅行社的导游基本工资很低或根本就没有。我们找到了旅行社，通过以"基本工资＋带团补贴"为主体，佣金成分为补充的导游人员薪酬计算办法，反复测算后计算出小霞不能正常工作所受的经济损失。

接着又帮他们拟写诉状、代理出庭，提供了全套法律援助，希望能够让别克车司机承担他应该承担的责任，让小霞能早日康复出院。

经过两次庭审，我们的诉讼请求得到了法院支持，别克车司机被判令给付受害人小霞因其交通肇事的经济损失 57000 多元。尽管不情不愿，别克车司机也没法违抗这一纸判决书。小霞之前欠下的一部分医药费被补齐了，后期治疗费别克车司机也承诺会陆续交上。

整个诉讼过程延续了三个月，我没吃过小霞家的一餐便饭。医药费的问题解决了之后，小霞很感激我，在她康复出院的那天，她拿了两盒各半斤新出的龙井茶叶到我办公室，说："真是太谢谢您了，要不是您帮我俩去跟那个司机打官司，钱也要不来，我也没法继续治病了。"我看着她刚出院虚弱的样子，拒绝说："不、不，帮助你们是我工作分内的事，怎么好意思再收你的东西。"没想到，她把茶叶硬往我办公桌上放，还急红了眼："您是不是因为看我经济困难，同情我所以不收？"我见她这样，意识到这是她的一番心意，若是不收下，会伤害到她的自尊，就收下了一盒半斤的茶叶，表示她的心意我已经领了。

虽然无偿帮助他人，有时过程也很辛劳，但我能收获感谢，得到精神的快乐！

附一　政府律师，香港法治的守护者

　　香港特别行政区一直以来均实施"政府律师"制度。香港的"政府律师"，泛指取得法律执业者（包括事务律师及大律师）资格后，受聘在政府法律部门工作，负责为政府及其各部门提供法律服务的官方专业人员。他们虽然受聘于政府部门，并向当局领取薪俸，但实际上却是具有事务律师或大律师资格、在政府部门中从事法律事务的律政人员。从资格的取得而言，他们与其他在香港的法律执业者完全一样，但在职能、工作和规管等方面却各有不同之处。

　　《律政人员条例》对在香港律政司等政府法律机构任职的政府律师的资格、地位、权利、特权及职责分别作出了明确的规定。

　　有关的政府部门聘请政府律师时，符合资格的法律执业者可提出申请，经有关部门面试／笔试审核合格，均可被录用及委任为政府律师。根据《律政人员条例》第3条的规定，就其工作而言，任何政府律师均具有大律师或事务律师的一切权利，并在香港所有的法庭或审裁处均具有出庭发言权。此等权利有别于其他的法律执业者，主要的分别在于根据司法机构的实务指示，在香港执业的事务律师在高等法院及以上级别的法院并不具有发言权，而大律师的发言权则没有受到限制。

政府律师工作集中在律政司

香港政府律师工作集中在律政司，律政司是全面负责香港特别行政区政府法律事务的职能部门。其工作内容相当于内地的政府法制工作与刑事案件的公诉工作，在职责定位上类似于内地的政府法制机构与检察机关。具体而言，律政司主要承担以下五项职责：

（一）草拟香港成文法例

律政司负责草拟由政府提出的成文法例。香港的立法程序大致是：政府部门负责向政府提出立法建议；律政司法律草拟科负责起草法例条文并形成条例草案；立法会负责审核政府提交的法例草案。

（二）向政府提供法律意见

律政司负责向政府各决策局和执行机构就民商事、政制、国际等方面的事项提供法律意见，以保证政府政策、行为的合法性。

（三）为政府草拟各类协议、招标文件等法律文件

律政司协助政府处理涉及政府的商业事务、公共工程的建设以及对专营权及牌照（相当于内地的行政审批）的规管等，其中一项重要工作就是草拟、审核涉及政府的各类商业合约、承诺书、专营权文件等法律文件，避免政府陷入民商事法律纠纷。

（四）代表政府进行民事、行政诉讼

律政司代表香港特区政府在法院、审裁处等司法机构进行涉及政府的民事诉讼、司法复核（即行政诉讼）以及仲裁、调解等其他解决争议的法律程序。

（五）负责刑事检控工作

律政司主管香港的刑事检控工作。

律政司的地位和内部机构设置

香港各界对于法治的重视决定了律政司在香港社会享有较高的地位。这体现在以下两个方面：

（一）特区律政司在香港政府组织架构中层级较高

香港特区政府是三司十二局的架构，纵向来看可以分为四个层级：第一层级是行政长官；第二层级是政务司、财政司、律政司等三个司级单位，就像是香港特区政府的三驾马车；第三层级是发展局、财经事务及库务局、保安局等十二个决策局；第四层级则是警务处、屋宇署、建筑署等执行机构。律政司居第二层级，是香港特区政府的三驾马车之一，地位很高。

（二）律政司司长扮演多重重要角色

律政司司长不仅是香港规模最大的政府法律部门的首脑，还是行政长官、政府、各政府决策局、部门及机构的首要法律顾问。律政司司长具有多重重要身份：第一，律政司司长被公认为是"行政长官、政府、政府各决策局、部门及机构的首席法律顾问"；第二，律政司司长是行政会议的成员；第三，律政司司长是香港法律改革委员会主席；第四，律政司司长是香港的"慈善事务守护者"。

律政司司长是三位能于行政长官休假或出缺时署任的政府官员之一，在政务司司长、财政司司长之后。

律政司由五个专责法律工作的科别组成：

1.法律政策科及律政司司长办公室

提供各项专业服务，以支援律政司司长执行职责，并就政府正在考虑的所有法律政策事宜提供资料。该科亦就司法、法律制度、法律专业、人权、香港基本法及中国内地法律等问题，提供意见。

2. 民事法律科

负责向政府提供民事法律意见、草拟商业合约及专营权文件，并代政府进行民事诉讼、仲裁及调停事宜。

3. 法律草拟科

负责以中英文草拟一切法例（其中包括附属法例），并协助将法案提交行政会议和立法会通过。该科亦负责香港法例的编辑工作，以及更新双语法例资料系统内的香港法例版本。

4. 国际法律科

负责向政府提供有关国际公法的法律意见。科内律师也参与与其他司法管辖区洽谈协议的工作，并处理外地或香港特区提出的国际司法合作请求。

5. 刑事检控科

刑事检控科的律师负责大部分的刑事上诉案件，包括在终审法院提出的上诉。原讼法庭和区域法院审理的案件，大都由他们进行检控工作（重大商业犯罪案件会外判予坊间的大律师）。

其中，前四个业务科室的工作内容相当于内地的政府法制工作。律政司的政府律师职数超过任何一个香港律师楼的律师职数，律政司被称为香港最大的律师楼。

政府律师与政府的关系

政府律师受聘于政府的不同部门，与政府是雇主与雇员的关系。一旦受聘后，政府律师不得从事私人执业的工作；除非取得有关政府部门雇主的同意，政府律师不得从事兼职，一般而言，获批准的兼职工作主要涉及法律教学。

严格来说，所有政府部门都是律政司政府律师的"客户"或"当事人"，但其中一个主要的特点是政府的决策局及部门就不同的事宜制订有关的政策或立法建议后，律政司的政府律师会就有关的政策及立法建议是否符合《基本法》、国际人权标准、人权法、香港法律的规定以及法律制度的既定原则提供法律意见。在收到律政司的法律意见后，各政府决策局、部门会否修改或改变有关的政策及立法建议，决定权完全属于各政府决策局及部门，而对有关的政策及立法建议，律政司的政府律师并不会表达个人的意见，换句话说，政府律师在政府制定政策及法律的过程中是保持中立的。

政府败诉是法治的表现

律政司相当于政府的律师行。这个律师行并没有因为是政府律师而拥有什么特权，不能逾越律师的职业操守，否则一样会受到纪律处分，甚至会因为是政府雇员还要受到公务员法规的约束，此外还有舆论的监督。

律政司和政府律师唯一的武器也就是法律。其权威和声誉也来源于其专业水准和职业操守。在法院审理刑事案件时，经常可以看到律政司的律师作为控方律师，在许多其他案件中，经常也有社会律师代表律政司起诉或者应诉。法官和对方的律师不会因为是政府或者政府律师而对其手下留情或者高看一眼。

按说香港法治如此健全，律政司代理案件的败诉率应该很低。但很意外的是，律政司败诉很多，所以才有"政府败诉是法治的表现"一语，言外之意政府虽然有很多的权力，但是在司法审查的威严之下，一样要接受败诉的结果。事实上，香港政府那么多败诉，丝毫没有影响政府的权威和法院的威信。

吸引优秀法律人才担任政府律师

为吸引优秀法律人才加入律政司，香港特区政府在公务员序列中建立了颇具特色的政府律师职系。政府律师的级别从低到高分为政府律师、高级政府律师、助理首席政府律师、副首席政府律师、首席政府律师、律政专员等六个职级。

香港政府的律师与私人执业律师，薪酬存在很大差距，导致不少资历深厚的政府律师近年毅然选择"离巢"。

法律界行内近年一直以"超级海鲜价"形容目前一些资深大律师的收费水平；视乎案件性质、长短和复杂性，资深大律师的每小时收费可达6000至8000元，拥有5至10年经验的资深大律师每小时则收取3000至5000元。

较典型的例子，是资深大律师清洪早年替艺人谢霆锋打"顶包案"，据知是收取600万元律师费；身兼立法会议员的余若薇数年前替一家公司清盘，首天"基本"收费达到20万元，案件其后诉讼数天，共收取逾100万元的律师费，梁家杰更曾收取每小时过万元的律师费。

据了解，近年经济好转，寻求法律援助的不少顾客或公司，也十分看重所聘用的大律师或事务律师的名气，令律师开价越来越高；律师离开政府改为私人执业，只要表现理想及具有足够资历，官司通常也是应接不暇。即使改为私人执业后，生意并不理想，离开律政司的政府律师，日后也一样可以"重操旧业",因现在律政司很多时候会寻回过去曾于部门内工作的律师担任"外判"律师,处理为期较长的复杂案件。基本收费水平可算是高于一般政府律师的薪酬。

资深高级政府律师近年另一出路,就是当累积足够经验后改当裁判官(相当于内地的基层法院法官)。虽然裁判官的起薪点与高级政府律师相若,但由于当"官"的生活较为安定,加上有一定优越感,近年由政府律师转职担任裁判官的例子屡见不鲜。律政司除了建议改善政府律师的薪酬制度,据了解,律政司司长最近已先后会见部门内的四批律师,希望可以"安抚"他们的工作情绪,而每次所接见的均是来自同一部门,方便他们表达意见。

律政司近年处理不少棘手法律案件,令部门内的政府律师及高级政府律师工作压力骤增;为解决人才荒,律政司司长向公务员薪常会提出三项改善薪酬建议,提高政府律师和高级律师的薪酬。

律政司的财政预算堪称充裕。律政司 2014 年至 2015 年度财政预算为近 18 亿元港币。

附二 中共中央办公厅、国务院办公厅印发《关于推行法律顾问制度和公职律师公司律师制度的意见》

新华社北京6月16日电 近日，中共中央办公厅、国务院办公厅印发了《关于推行法律顾问制度和公职律师公司律师制度的意见》，并发出通知，要求各地区各部门结合实际认真贯彻执行。

《关于推行法律顾问制度和公职律师公司律师制度的意见》全文如下。

为贯彻落实党的十八大和十八届三中、四中、五中全会精神，积极推行法律顾问制度和公职律师、公司律师制度，充分发挥法律顾问、公职律师、公司律师作用，现提出以下意见。

一、指导思想、基本原则和目标任务

（一）指导思想。认真贯彻落实党的十八大和十八届三中、四中、五中全会精神，以邓小平理论、"三个代表"重要思想、科学发展观为指导，深入学习贯彻习近平总书记系列重要讲话精神，坚定不移走中国特色社会主义法治道路，从我国国情出发，遵循法治建设规律和法律顾问、律师工作特点，积极推行法律顾问制度和公职律师、公司律师制度，提高依法执政、依法行政、依法经营、依法管理的能力水平，促进依法办事，为协调推进"四个全面"战略布局提供法治保障。

（二）基本原则。坚持正确政治方向。坚持党的领导，选拔政治素质高、拥护党的理论和路线方针政策的法律专业人才进入法律顾问和公职律师、公司律师队伍。

坚持分类规范实施。从实际出发，在党政机关、人民团体、国有企事业单位分类推行法律顾问制度和公职律师、公司律师制度，明确政策导向和基本要求，鼓励各地区各部门各单位综合考虑机构、人员情况和工作需要，选择符合实际的组织形式、工作模式和管理方式，积极稳妥实施。

坚持统筹衔接推进。着眼于社会主义法治工作队伍建设大局，处理好法律顾问与公职律师、公司律师之间的衔接，畅通公职律师、公司律师与社会律师、法官、检察官之间的交流渠道。实行老人老办法、新人新办法，国家统一法律职业资格制度实施后，党政机关、人民团体、国有企事业单位拟担任法律顾问的人员应当具有法律职业资格或者律师资格。

（三）目标任务。2017年底前，中央和国家机关各部委，县级以上地方各级党政机关普遍设立法律顾问、公职律师，乡镇党委和政府根据需要设立法律顾问、公职律师，国有企业深入推进法律顾问、公司律师制度，事业单位探索建立法律顾问制度，到2020年全面形成与经济社会发展和法律服务需求相适应的中国特色法律顾问、公职律师、公司律师制度体系。

二、建立健全党政机关法律顾问、公职律师制度

（四）积极推行党政机关法律顾问制度，建立以党内法规工作机构、政府法制机构人员为主体，吸收法学专家和律师参加的法律顾问队伍。

党政机关内部专门从事法律事务的工作人员和机关外聘的法学专家、律师，可以担任法律顾问。党内法规工作机构、政府法制机构以集体名义

发挥法律顾问作用。

（五）在党政机关已担任法律顾问但未取得法律职业资格或者律师资格的人员，可以继续履行法律顾问职责。国家统一法律职业资格制度实施后，党政机关拟担任法律顾问的人员应当具有法律职业资格或者律师资格。

（六）县级以上地方党委和政府以及法律事务较多的工作部门应当配备与工作任务相适应的专职人员担任法律顾问；法律事务较少的县级以上地方党委和政府工作部门可以配备兼职人员履行法律顾问职责。乡镇党委和政府可以根据工作需要，配备专职或者兼职人员履行法律顾问职责。

（七）党政机关法律顾问履行下列职责：

1. 为重大决策、重大行政行为提供法律意见；

2. 参与法律法规规章草案、党内法规草案和规范性文件送审稿的起草、论证；

3. 参与合作项目的洽谈，协助起草、修改重要的法律文书或者以党政机关为一方当事人的重大合同；

4. 为处置涉法涉诉案件、信访案件和重大突发事件等提供法律服务；

5. 参与处理行政复议、诉讼、仲裁等法律事务；

6. 所在党政机关规定的其他职责。

（八）外聘法律顾问应当具备下列条件：

1. 政治素质高，拥护党的理论和路线方针政策，一般应当是中国共产党党员；

2. 具有良好职业道德和社会责任感；

3. 在所从事的法学教学、法学研究、法律实践等领域具有一定影响和经验的法学专家，或者具有 5 年以上执业经验、专业能力较强的律师；

4.严格遵纪守法，未受过刑事处罚，受聘担任法律顾问的律师还应当未受过司法行政部门的行政处罚或者律师协会的行业处分；

5.聘任机关规定的其他条件。

（九）外聘法律顾问应当通过公开、公平、公正的方式遴选。被聘为法律顾问的，由聘任机关发放聘书。

（十）外聘法律顾问在履行法律顾问职责期间享有下列权利：

1.依据事实和法律，提出法律意见；

2.获得与履行职责相关的信息资料、文件和其他必需的工作条件；

3.获得约定的工作报酬和待遇；

4.与聘任机关约定的其他权利。

（十一）外聘法律顾问在履行法律顾问职责期间承担下列义务：

1.遵守保密制度，不得泄漏党和国家的秘密、工作秘密、商业秘密以及其他不应公开的信息，不得擅自对外透露所承担的工作内容；

2.不得利用在工作期间获得的非公开信息或者便利条件，为本人及所在单位或者他人牟取利益；

3.不得以法律顾问的身份从事商业活动以及与法律顾问职责无关的活动；

4.不得接受其他当事人委托，办理与聘任单位有利益冲突的法律事务，法律顾问与所承办的业务有利害关系、可能影响公正履行职责的，应当回避；

5.与聘任机关约定的其他义务。

（十二）市、县、乡同级党委和政府可以联合外聘法律顾问，为党政机关提供服务；党委和政府可以分别统一外聘法律顾问，为党委和政府及其工作部门提供服务。

（十三）各级党政机关根据本意见设立公职律师。公职律师是依照本意见第二十五条、第二十六条规定取得公职律师证书的党政机关公职人员。

（十四）公职律师履行党政机关法律顾问承担的职责，可以受所在单位委托，代表所在单位从事律师法律服务。公职律师在执业活动中享有律师法等规定的会见、阅卷、调查取证和发问、质证、辩论等方面的律师执业权利，以及律师法规定的其他权利。

（十五）公职律师不得从事有偿法律服务，不得在律师事务所等法律服务机构兼职，不得以律师身份办理所在单位以外的诉讼或者非诉讼法律事务。

（十六）党政机关法律顾问、公职律师玩忽职守、徇私舞弊的，依法依纪处理；属于外聘法律顾问的，予以解聘，并记入法律顾问工作档案和个人诚信档案，通报律师协会或者所在单位，依法追究责任。

三、建立健全国有企业法律顾问、公司律师制度

（十七）工商、金融、文化等行业的国有独资或者控股企业（以下简称国有企业）内部专门从事企业法律事务的工作人员和企业外聘的律师，可以担任法律顾问。

在国有企业已担任法律顾问但未取得法律职业资格或者律师资格的人员，可以继续履行法律顾问职责。国家统一法律职业资格制度实施后，国有企业拟担任法律顾问的工作人员或者外聘的其他人员，应当具有法律职业资格或者律师资格，但外聘其他国有企业现任法律顾问的除外。少数偏远地方国有企业难以聘任到具有法律职业资格或者律师资格的法律顾问

的，可以沿用现行聘任法律顾问的做法。

法律顾问的辅助人员可不具有法律职业资格或者律师资格。

国有企业外聘法律顾问参照本意见第八条、第九条、第十条、第十一条规定办理。

（十八）国有企业可以根据企业规模和业务需要设立法律事务机构或者配备、聘请一定数量的法律顾问。

国有大中型企业可以设立总法律顾问，发挥总法律顾问对经营管理活动的法律审核把关作用，推进企业依法经营、合规管理。

（十九）国有企业法律顾问履行下列职责：

1.参与企业章程、董事会运行规则的制定；

2.对企业重要经营决策、规章制度、合同进行法律审核；

3.为企业改制重组、并购上市、产权转让、破产重整、和解及清算等重大事项提出法律意见；

4.组织开展合规管理、风险管理、知识产权管理、外聘律师管理、法治宣传教育培训、法律咨询；

5.组织处理诉讼、仲裁案件；

6.所在企业规定的其他职责。

（二十）国有企业法律顾问对企业经营管理行为的合法合规性负有监督职责，对企业违法违规行为提出意见，督促整改。法律顾问明知企业存在违法违规行为，不警示、不制止的，承担相应责任。

（二十一）国有企业根据需要设立公司律师。公司律师是与企业依法签订劳动合同，依照本意见第二十五条、第二十六条规定取得公司律师证书的员工。

（二十二）公司律师履行国有企业法律顾问承担的职责，可以受所在单位委托，代表所在单位从事律师法律服务。公司律师在执业活动中享有律师法等规定的会见、阅卷、调查取证和发问、质证、辩论等方面的律师执业权利，以及律师法规定的其他权利。

（二十三）公司律师不得从事有偿法律服务，不得在律师事务所等法律服务机构兼职，不得以律师身份办理所在单位以外的诉讼或者非诉讼法律事务。

四、完善管理体制

（二十四）党内法规工作机构、政府法制机构和国有企业法律事务部门，分别承担本单位法律顾问办公室职责，负责本单位法律顾问、公职律师、公司律师的日常业务管理，协助组织人事部门对法律顾问、公职律师、公司律师进行遴选、聘任、培训、考核、奖惩，以及对本单位申请公职律师、公司律师证书的工作人员进行审核等。

（二十五）在党政机关专门从事法律事务工作或者担任法律顾问、在国有企业担任法律顾问，并具有法律职业资格或者律师资格的人员，经所在单位同意可以向司法行政部门申请颁发公职律师、公司律师证书。经审查，申请人具有法律职业资格或者律师资格的，司法行政部门应当向其颁发公职律师、公司律师证书。

（二十六）国家统一法律职业资格制度实施前已担任法律顾问、未取得法律职业资格或者律师资格的人员具备下列条件，经国务院司法行政部门考核合格的，由国务院司法行政部门向其颁发公职律师、公司律师证书：

1.在党政机关、国有企业担任法律顾问满 15 年；

2.具有高等学校法学类本科学历并获得学士及以上学位，或者高等学校非法学类本科及以上学历并获得法律硕士、法学硕士及以上学位或者获得其他相应学位；

3.具有高级职称或者同等专业水平。

（二十七）公职律师、公司律师脱离原单位，可以申请转为社会律师，其担任公职律师、公司律师的经历计入社会律师执业年限。依照本意见第二十六条规定担任公职律师、公司律师，申请转为社会律师的，应当符合国家统一法律职业资格制度的相关规定。公职律师、公司律师依照有关程序遴选为法官、检察官的，确定法官、检察官等级应当考虑其从事公职律师、公司律师工作的年限、经历。

（二十八）律师协会承担公职律师、公司律师的业务交流指导、律师权益维护、行业自律等工作。

五、加强组织领导

（二十九）党政机关主要负责同志作为推进法治建设第一责任人，要认真抓好本地区本部门本单位法律顾问、公职律师、公司律师制度的实施。

（三十）党政机关要按照以下要求充分发挥法律顾问、公职律师的作用：

1.讨论、决定重大事项之前，应当听取法律顾问、公职律师的法律意见；

2.起草、论证有关法律法规规章草案、党内法规草案和规范性文件送审稿，应当请法律顾问、公职律师参加，或者听取其法律意见；

3.依照有关规定应当听取法律顾问、公职律师的法律意见而未听取的事项，或者法律顾问、公职律师认为不合法不合规的事项，不得提交讨论、作出决定。

对应当听取法律顾问、公职律师的法律意见而未听取，应当请法律顾问、公职律师参加而未落实，应当采纳法律顾问、公职律师的法律意见而未采纳，造成重大损失或者严重不良影响的，依法依规追究党政机关主要负责人、负有责任的其他领导人员和相关责任人员的责任。

（三十一）国有企业要按照以下要求充分发挥法律顾问、公司律师的作用：

1.讨论、决定企业经营管理重大事项之前，应当听取法律顾问、公司律师的法律意见；

2.起草企业章程、董事会运行规则等，应当请法律顾问、公司律师参加，或者听取其法律意见；

3.依照有关规定应当听取法律顾问、公司律师的法律意见而未听取的事项，或者法律顾问、公司律师认为不合法不合规的事项，不得提交讨论、作出决定。

对应当听取法律顾问、公司律师的法律意见而未听取，应当交由法律顾问、公司律师进行法律审核而未落实，应当采纳法律顾问、公司律师的法律意见而未采纳，造成重大损失或者严重不良影响的，依法依规追究国有企业主要负责人、负有责任的其他领导人员和相关责任人员的责任。

（三十二）各级党政机关要将法律顾问、公职律师、公司律师工作纳入党政机关、国有企业目标责任制考核。推动法律顾问、公职律师、公司律师力量建设，完善日常管理、业务培训、考评奖惩等工作机制和管理办法，促进有关工作科学化、规范化。

（三十三）党政机关要将法律顾问、公职律师经费列入财政预算，采取政府购买或者财政补贴的方式，根据工作量和工作绩效合理确定外聘法律顾问报酬，为法律顾问、公职律师开展工作提供必要保障。

（三十四）县级以上地方各级党委和政府以及教育、卫生等行政主管部门要加强指导、分类施策、重点推进、鼓励探索，有步骤地推进事业单位法律顾问制度建设。

（三十五）人民团体参照本意见建立法律顾问、公职律师制度。

（三十六）各地区各部门可结合实际，按照本意见制定具体办法。

后 记

中共十八届四中全会后，公职律师制度建设进入新阶段。截至 2016 年年底，全国税务系统已有公职律师 1979 人，是全国公职律师总数的 1/4。

2017 年 2 月，税务总局政策法规司在北京召开了税务系统公职律师统筹培养和使用工作调研会。我作为一线公职律师的代表，结合自己的公职律师工作实践和本书的内容，积极建言献策。

浙江省地方税务局常务副局长劳晓峰非常关心税收法治建设，关心公职律师工作，并利用业余时间阅读本书稿。

税务总局政策法规司副司长靳万军实际从事税务系统公职律师制度建设，希望建设一支强大公职律师队伍，并通过统筹培养和使用促进税务系统税收法治建设，服务和保障税收现代化。他阅读并与我交流了书稿写作，提出了一些修改意见和建议，认为本书具有"通俗性、故事性、法理性"。

本书写作过程中得到同行、同事的鼎力支持，20 多位公职律师和行政法制工作同事为本书提供了很多宝贵意见。

本书得以成稿，得益于浙江省地税系统各级领导的关心和关怀，得益于我所在单位领导对税收法治工作的高度重视。在此，一并表示感谢！

本书取名《行政法治在路上》，寓意在依法治国的大背景下，行政法治工作虽然已经走过很多路程，但不会一蹴而就，仍然需要我们兢兢业业，仍然需要付出巨大努力，仍然需要积极探索创新。

责任编辑：张　立
装帧设计：周方亚
责任校对：曹楠楠

图书在版编目（CIP）数据

行政法治在路上：政府公职律师手记／林庆坚　著 . —北京：
　　人民出版社，2017.5（2017.11 重印）
ISBN 978 - 7 - 01 - 017449 - 5

I. ①行⋯　　II. ①林⋯　　III. ①行政法 - 研究 - 中国　　IV. ① D922.104

中国版本图书馆 CIP 数据核字（2017）第 048939 号

行政法治在路上

XINGZHENG FAZHI ZAI LUSHANG

——政府公职律师手记

林庆坚　著

人民出版社出版发行

（100706　北京市东城区隆福寺街 99 号）

北京汇林印务有限公司印刷　新华书店经销

2017 年 5 月第 1 版　2017 年 11 月北京第 2 次印刷

开本：710 毫米 × 1000 毫米 1/16　印张：16.75

字数：215 千字　印数：4,001~6,000 册

ISBN 978 - 7 - 01 - 017449 - 5　定价：49.00 元

邮购地址 100706　北京市东城区隆福寺街 99 号

人民东方图书销售中心　电话（010）65250042　65289539